거절당하지 않는 힘

거절당하지 않는 힘

이현우 지음

더난출판

역설의 지혜가 담긴
실용적 설득론

1975년 대학 졸업과 동시에 공직에 입문한 이후 30여 년 동안 '설득'이 얼마나 어려운 일인지 실감할 기회가 그다지 많지 않았다. 2006년 말에 오랫동안 몸담았던 공직을 떠나 로펌에서 일하기 시작하면서부터 비로소 설득의 중요성을 매일 실감하고 있다.

일반적으로 소위 '갑'의 입장인 공직자들은 정책을 설명하고 민원인들의 동의를 구하는 설득을 그다지 어렵거나 두렵게 생각하지 않는 경향이 있다. 오랫동안 그런 생활에 익숙해져 있다가 이제 클라이언트를 대신해 상대방을 설득하는 논리를 개발하는 일을 10년 넘게 하다 보니 설득이 얼마나 쉽지 않은 과제인지 절실하게 깨닫게 된다.

우연한 기회에 지인의 소개로 이현우 교수를 알게 되었고, 설득이라는 주제를 오랫동안 연구해온 그의 저서도 접하게 되었다. 이 교수는 일찍이 1996년에 로버트 치알디니의 명저 『설득의 심리학(Influence)』을 번역해 국내에 소개함으로써 설득 관련 도서의 대중화시대를 여는 데 기여했다. 이후 『사람의 마음을 움직이는 설득심리』『한국인에게 가장 잘 통하는 설득전략 24』등 관련 도서를 꾸준히 저술해 설득 이론의 지평을 넓히는 데 앞장서왔다. 그의 저서를 읽다 보면 그의 내공이 다른 교수와는 다르다는 점을 어렵지 않게 발견할 수 있다. 그의 저서의 가장 큰 장점은 단순한 이론서로 그치지 않고 실전에서 활용할 수 있는 실천적 지혜를 담고 있다는 점이다.

흔히 사람들은 전하고 싶은 메시지를 상대방의 관점이 아닌 자신의 관점에서 전달하는 경향이 있다. 그러나 요즘처럼 공급능력은 넘쳐나지만 수요가 부족해 어려움을 겪고 있는 때에는 생산자가 아니라 소비자가 결정권을 쥐게 된다. 이에 따라 커뮤니케이션도 자연스럽게 내가 아닌 상대방 중심의 패러다임으로 바뀌게 된다.

이러한 시점에 저자는 상대방의 '저항'에 초점을 맞추고 이를 줄이거나 돌파할 수 있는 방안을 제시하는 『거절당하지 않는 힘』이라는 책을 내놓고 있다. 이 책을 읽으면서 이제까지 접하지 못한 새로운 접근 방식에 눈이 번쩍 뜨이는 것 같았다. 수십 년 동안 설득과 관련한 저술, 강연, 연구 그리고 자문을 하면서 살아온 저자의 농축된 지혜의 결과물이라는 생각이 든다.

아무쪼록 거절당할까 두려워 엄두조차 내지 못하는 많은 독자들이 두려움을 극복하고, 상대방의 저항에 초점을 맞추어 설득을 시도하는 현명한 선택을 할 수 있는 지혜를 얻기를 바란다. 어려운 이론이 아니라 마이너스를 줄이는 것 또한 플러스를 만드는 것과 같다는 단순한 진리를 담은 이 책을 추천하는 바이다.

오종남
김앤장법률사무소 고문

거절당하지 않으려면
힘을 길러야 한다

미국의 정치가 벤저민 프랭클린은 우리 삶에서 피할 수 없는 것이 두 가지 있다고 말한다. 죽음(death)과 세금(tax)이 그것이다. 거절 또한 우리가 살아가면서 피할 수 없는 현상 중 하나다. 이제까지 살면서 한 번도 거절당한 적이 없는 사람은 없을 것이다. 거절당하는 감정은 아무리 긍정적인 측면에서 해석하려 해도 기억하고 싶지 않은 쓰라린 경험이다. 그러한 경험은 자기보호 목적의 두려움을 이끌어내 사람들로 하여금 가급적 자신이 거절당할 상황을 회피하게 만든다. 하지만 회피는 기회의 상실을 의미한다. 거절당할까 봐 시도조차 못 하고 놓쳐버린 수많은 기회들을 사람들은 나중에 땅을 치고 후회하지만 때는 이미 늦었다. 거절에 대해 우리는 좀 더 적극적으로 대처할 필요가 있다. 바로 상대방을 설득해야 하는 상황에서 '거절당하지 않는 힘'을 길러 거절의 쓰라린 경험을 최소화하는 것이다.

커뮤니케이션 학자들은 상대방을 설득하는 두 가지 길을 제시한다. 어린 시절 즐겨 읽었던 이솝우화《해와 바람》을 통해 설득에 이르는 두 가지 길을 살펴보자. '바람'은 자기 힘을 과신한 나머지 나그네에게 거센 바람을 불어 보내면 그의 외투를 금방 벗길 수 있을 것이라고 여긴다. 그러나 바람이 거세질수록 나그네는 외투를 더욱 단단히 여민다. 설득 전문가들은 원하는 결과를 얻기 위해 메시지를 더욱 정교하게 만들거나 매력적인 정보원을 찾기 위해 온갖 정성을 기울이는 바람의 길을 '알파 설득 전략'이라고 부른다. 내가 번역한 베스트셀러 『설득의 심리학』이 소개한 다양한 설득 원칙들이 그러한 범주에 속한다.

하지만 설득은 성공보다는 실패 확률이 더 높은 분야에 속한다. 우리가 설득보다는 거절을 더 자주 경험하는 이유는 설득에 항상 '저항'이라는 반작용이 따르기 때문이다. 설득은 거울을 보면서 혼자 하는 인형놀이가 아니다. 설득에는 항상 상대방이 있고 그 상대방은 영화 〈스타트렉〉에서 우주선 엔터프

라이즈 호를 보호하는 실드처럼 저항이라는 무기로 자신을 빈틈없이 보호하면서 당신의 요청을 거절한다는 사실을 기억해야 한다.

이제 '해'의 길을 따라가 보자. 해는 처음부터 나그네의 외투를 벗기려 하지 않는다. 해는 그저 방긋 웃으면서 나그네에게 따스한 햇살을 듬뿍 보낼 뿐이다. 날씨가 더워지자 나그네는 아무런 저항 없이 스스로 외투를 벗어던진다. 설득 전문가들은 나그네로 하여금 자발적으로 외투를 벗어던지게 만든 해의 길을 '오메가 설득 전략'이라고 부른다. 이 책에서 소개하는 거절당하지 않는 힘은 바로 오메가 설득 전략에서 비롯된다.

《해와 바람》의 이야기가 들려주는 것처럼 거절당하지 않는 힘은 거센 바람을 일으키면서 요란한 메시지를 만들어내고 설득자의 신뢰도를 높이는 덧셈의 설득 과정보다는, 상대방이 스스로 설득자에 대한 불신이나 메시지에 대한 회의를 벗어던지도록 만드는 뺄셈의 설득 과정에 기초한다. 〈K팝스타〉라는 TV 프로그램에서 심사위원을 맡았던 가수 박진영도 '뺄셈의 미학'을 역설한 바 있다. 어깨에 힘 빼고, 목에 힘 빼고, 얼굴에 힘 빼고 등등 온통 쓸데없는 힘을 빼라는 것이 박진영의 주문이다. 아마추어가 마스터하기 가장 어려운 스포츠 중 하나라는 골프의 경우에도 힘을 빼는 데 3년이 걸린다고 하지 않던가? 쓸데없는 데다 힘을 쏟다가는 골프 백돌이 신세를 벗어나지 못한다.

이제부터는 설득을 채워가는 과정이 아니라 오히려 비워가는 과정으로 여기고 접근해보자. 상대방을 설득하기 위해 다양한 것을 채워 넣는 설득의 심리학 패러다임보다는 상대방의 저항을 줄이거나 비워내는 거절의 심리학 패러다임으로 이해해보자. 자기도 모르는 사이에 '거절당하지 않는 힘'이 부쩍 늘어날 것이다.

상대방의 저항을 핵심 개념으로 삼는 거절의 심리학은 특히 상대방이 나와 반대되는 입장일 때 더욱 효과적인 선택이 될 수 있다. 이러한 상황에서는 내가 원하는 설득 결과보다는 상대방의 거절과 저항이라는 관점에서 출발해야 한다. 그들은 왜 거절하는가? 그들은 어떤 것에 저항하는가? 그들은 어떻게 저항하는가? 거절의 심리학은 자신이 원하는 것을 얻는 데에만 초점을 맞추는 설득의 심리학이 놓치고 있는 수많은 사각지대를 볼 수 있게 해준다.

경험 많은 운전자는 앞만 보고 운전하지 않는다. 노련한 운전자는 전면, 후면, 측면 모두를 보고 운전한다. 설득 현상을 운전에 비유한다면 기존의 알파 설득 전략은 후륜구동 방식이지만 오메가 설득 전략은 사륜구동 방식이라고 할 수 있다.

알파 전략은 우리에게 매우 익숙한 접근법이다. 『설득의 심리학』을 비롯해 수많은 베스트셀러들이 설득의 힘을 높이는 구체적인 가이드라인을 이미 다양하고 풍성하게 제공하고 있다. 상대방의 큰 반대가 예상되지 않는 상황에서는 우리에게 익숙한 알파 설득 전략이 좋은 선택이 될 수 있다. 후륜구동은 사륜구동에 비해 승차감이 뛰어나 좋은 날씨에는 당연히 후륜구동 방식의 승용차 선호도가 높을 것이다.

그러나 주로 거절의 가능성이 높은 설득 환경에서 설득해야 하는 사람들에게는 상대방의 저항에 초점을 맞추는 오메가 설득 전략이 더 현명한 선택이 될 수 있다. 오메가 설득 전략은 궂은 날씨를 안전하게 헤쳐 나가도록 안내해주는 내비게이션이라고 할 수 있다. 비가 오거나 눈이 내리는 궂은 날씨에 험한 길을 운전해야 하는 운전자는 오메가 내비게이션을 장착한 사륜구동 방식의 SUV를 선택하는 것이 바람직하다. 우리는 궂은 날씨를 예보할 수는 있어도 궂은 날씨를 마음대로 바꿀 수는 없다. 따라서 이 훌륭한 내비게이션에 관심을 가져볼 만하지 않을까? 지금까지 전혀 설득의 힘을 믿지 않았더라도 최소한 설득을 통해 저항을 낮출 수 있다는 점만은 인정해야 할 것이다.

이 책은 거절의 심리학에 관한 사례와 연구 결과를 담고 있다. 저항에 관한 이론의 양대 산맥인 심리적 반발 이론과 접종 이론이 1960년대에 이미 발표되었음에도 불구하고 21세기 들어서야 본격적으로 오메가 관점의 연구가 급증하는 것은 시대적 흐름과 무관하지 않다. 인터넷, 정보화, 4차 산업혁명 등으로 묘사되는 현대사회는 힘의 흐름이 생산자에서 소비자로 전환되고 있음을 분명하게 보여준다.

설득 커뮤니케이션 영역도 마찬가지다. 과거 송신자 중심의 패러다임에서 수신자 중심의 패러다임으로 전환되고 있다는 결정적 증거가 바로 급격하게 확장되고 있는 저항 관점에서 접근한 거절의 심리학에 관한 연구들이다. 21세기 4차 산업혁명시대에는 송신자의 매력이나 그들이 전달하는 메시지의 논리력보다 더 중요한 것이 수신자의 저항력이라는 생각에 동조하는 학자들이 점차 늘고 있는 것이다.

설득 현상을 저항 관점에서 접근하는 거절의 심리학 분야 학자들은 저항이 최소한 세 가지 다른 모습으로 나타나고 있다고 말한다. 이 책의 구성은 그들의 주장을 따르고 있다.

첫째, 반발(reactance)은 가장 강력한 형태의 저항이다. 상대방의 반발이 외부적으로 표출된 상태가 바로 거절이다. 경우에 따라 피설득자는 설득자가 원하는 것과는 정반대의 행동으로 저항하기도 한다. 그러한 유형의 반발은 설득자가 예상할 수 있는 최악의 결과일 것이다. 반발은 설득 시도 자체에 대한 저항을 말한다. 즉 자신의 선택 자유를 위협하고 체면을 손상시킬 수 있는 모든 외부적 영향력 자체에 대한 피설득자의 노골적인 저항이다. 이 책의 1부에서는 상대방의 거센 저항이 예상될 때 사용할 수 있는 거절당하지 않는 전략을 소개한다.

둘째, 의심(skepticism)은 중간 수준의 저항이다. 반발이 설득 과정 자체에 대한 총체적인 저항을 의미한다면 의심은 자신을 설득하려는 설득자에 대한 부정적인 반응이자 특정 설득 내용에 대한 부정적인 반응이다. 2부에서는 이처럼 상대방이 특정 설득 내용과 관련해 미심쩍어하거나 정보원을 미더워하지 않아 저항할 경우 그에 대응하는 거절당하지 않는 전략을 제시한다.

셋째, 현상유지(inertia)는 가장 낮은 수준의 저항이라고 볼 수 있다. 현상유지는 변화를 거부하는 인간 심리에 기초한다. 이러한 형태의 저항은 겉으로 명확히 드러나지 않기 때문에 가장 발견하기 어려운 저항이다. 3부에서는 상대방의 저항은 그리 크지 않지만 무대응으로 거절하는 경우에 유용한 거절당하지 않는 전략을 살펴본다.

마지막으로 4부에서는 설득자의 입장이 아니라 외부의 설득 시도에 저항하는 피설득자의 입장에서 사용할 수 있는 다양한 전략을 소개한다. 거절의 심리학은 자신의 저항 능력에 대한 평가, 저항하는 방법, 저항력을 키우기 위한 전략 그리고 상대방의 요청을 거절할 때 사용할 수 있는 거절의 언어에 이르는 다양한 실용적 지식을 제공한다. 구체적인 내용들은 외부의 부당한 설득에 저항하는 거절의 힘을 키우고자 할 때 긴요하게 사용될 수 있을 것이다.

우리가 자기계발서를 구매하는 이유는 너무도 분명하다. 책을 통해 얻은 지식을 바탕으로 현실적인 문제를 해결하기 위함이다. 그런데 책이 지나치게 학문적인 내용에만 치우쳐 이해하기 어렵다면 현실성이 떨어져 문제해결에 큰 도움이 되지 않는다. 반대로 설득 현상에 대한 체계적이고 학문적인 근거 없이 개인의 경험에만 의존한다면 경험의 보편성이라는 기준에 어긋나기에 객관성을 담보할 수 없다. 나는 이 책에서 더이상 거절의 쓴맛을 맛보고 싶어 하지 않는 사람들에게 실용적인 가치와 학문적인 가치를 동시에 제공하는 거절의 심리학을 소개하고자 한다.

"훌륭한 이론보다 더 실용적인 것은 없다"라고 말한 미국의 사회심리학자 쿠르트 레빈(Kurt Lewin)의 주장처럼 이 책에서 소개하는 거절의 심리학을 적절하게 사용한다면 일상생활에서 우리의 거절당하지 않는 힘은 획기적으로 개선될 것이다.

특히 그동안 살아오면서 가정과 직장 등 일상생활에서 거절과 저항의 쓴맛을 반복적으로 경험하는 사람들에게 이 책은 짜릿한 역전승의 단맛을 맛보게 해줄 것이다. 거절당하지 않는 힘을 키우면 남을 설득하는 것은 전혀 어렵지 않게 된다. 거절당하는 말과 거절당하지 않는 말은 종이 한 장 차이에 불과하지만 그 사소한 차이가 당신의 인생을 결정한다.

차례

1부 거세게 반발하는 사람을 설득하는 법

2부 의심 많은 도마를 설득하는 법

거세게 **반발**하는 사람을
설득하는 법

2015　　　인권 콘서트에서 한 참가자가 든 팻말에
　　　　　는 "저항하는 자, 인간이다!"라고 쓰여
있었다. 저항이 인간의 본질적인 행동 중 하나라면 설득 현상에서도
저항은 피할 수 없는 과정일 것이다. 옹고집, 완고함, 집요함, 강팍함,
불복종, 극강 반대, 노답 등의 단어들은 상대방이 거세게 저항하면서
거절하는 모습을 묘사하는 표현들이다.

　오메가 설득 이론에 의하면 사람들이 외부의 설득 시도에 저항하는
본질적 이유는 선택의 자유가 부당하게 침해되었다고 생각하기 때문
이다. 자유를 위협하는 설득 시도는 강한 반발을 유발한다. 자유로운
선택과 행동이 제한당한 사람들은 그러한 외부 영향력 자체에 거세게
저항하게 된다. 이러한 경우 저항의 핵심은 설득 시도 그 자체다. 어
쩌면 설득의 내용은 그리 중요하지 않을 수도 있다. 자신의 자유를 위
협하는 설득의 구체적인 내용보다는 자신의 자유가 위협당하고 있다
는 사실 그 자체에 대해 사람들은 거세게 반발하는 것이다.

　1부에서는 이러한 상황에서 유용한 오메가 설득 전략들을 소개한
다. 가장 먼저 해야 할 일은 상대방의 저항을 누그러뜨리는 데 유리한
환경을 조성하는 것이다. 상대방을 자리에 앉게 만들고, 저항을 약화
시키는 효과가 있다고 알려진 커피를 대접하고, 저항을 낮추는 비언
어적 커뮤니케이션을 시도하면 최소한도의 준비는 마친 셈이다(1장).
거세게 저항하는 상대방과 맞설 때는 일단 그 사람의 저항을 인정하

는 언어로 시작하는 것이 현명하다(2장). 때로는 상대방의 저항의 힘을 역으로 이용하는 역심리학 전략도 유용하다(3장). 상대방의 가치를 공격해 저항을 무력화시키는 방법은 즐겨 사용되는 전략은 아니지만 상대방의 허를 찌르는 효과적인 우회 전략이다(4장).

저항은 두괄식 방식으로 진행된다. 처음에 저항이 가장 거세다는 말이다. 이성에게 데이트를 요청하면서 처음부터 '같이 살자'고 말하는 사람은 아무도 없을 것이다. 그렇지만 상대방이 '차 한잔하자'는 작은 요청에 응하면 결국에는 '같이 살게' 될 수도 있다. 저항 역시 마찬가지다(5장). 자아고갈 이론(6장)과 스토리텔링 이론(7장)은 보다 긴 호흡으로 거센 저항에 대응하는 전략들이다. 장기간에 걸쳐 저항하는 바람에 에너지가 고갈되었거나 흥미로운 스토리에 흠뻑 빠져 있는 상황에서는 거세게 저항하는 것이 쉽지 않기 때문이다.

커피는
최고의 설득 음료다

1

시작이 반이다.

Well begun is half done.

그리스의 철학자 아리스토텔레스가 남긴 말이다. 일단 시작만 하면 반은 이미 실행한 것과 다를 바 없다는 뜻이다. 우리 속담도 '시작이 좋으면 끝도 좋다'며 시작이 결과에 미치는 엄청난 영향력을 강조한다. 만일 시작이 그만큼 중요하다면 거기에는 철저한 준비가 필요할 것이다. 마구잡이로 시작해서는 좋은 결과를 기대하기 힘들다. 그렇다면 거세게 저항하면서 거절하는 사람과 만날 때는 어떤 준비를 해야 할까? 어떤 마음가짐으로 어떤 환경을 조성해야 좋은 시작이 될까?

고대 그리스의 알렉산더대왕이 원하는 것은 뭐든 들어주겠다고 하자 철학자 디오게네스는 "햇빛이나 가리지 말고 비켜달라"는 유명한 말을 남겼다. 디오게네스는 평생 동안 옷이 한 벌이었을 정도로 욕심이 없는 사람이었다. 그런 디오게네스에게도 걱정이 하나 있었다. 탁발을 해서 생계를 유지했던 그의 가장 큰 고민은 구걸의 청이 거절당하는 것이었다. 고민 끝에 디오게네스는 거절에 익숙해지기 위해 가끔 조각상 앞에서 돈을 빌려달라고 손을 내미는 기이한 행동을 했다. 조각상이 디오게네스에게 돈이나 식량을 줄 리 없었다. 스스로 자처한 거절을 통해 디오게네스는 실제 상황에서 거절당하는 연습을 했던 것이다.

세일즈에 처음 입문한 초보 판매원에게 남이 자신의 청을 거절하는 것은 가장 견디기 힘든 일 중 하나일 것이다. 그러나 소비자행동의 연구 결과에 의하면 거절은 설득의 필연적인 과정이다. 소비자는 물건을 사기 전에 평균 네 번의 판매 요청을 거절한다. 소비자를 대면하는 마케터가 설득보다는 거절에 더 익숙해져야 하는 이유다.

더랩에이치 김호 대표는 블로그에 국내 보험사 영업사원을 하다가 이제는 태양광 발전 사업을 하고 있는 미래에너지 장

동일 대표의 성공 사례를 소개하면서, "성공한 사람들에게 거절은 예외가 아니라 디폴트(default)다"라고 썼다. 거절을 두려워해서는 성공할 수 없다는 뜻일 것이다. 장 대표가 보험 영업을 처음 시작했을 때 그의 멘토는 매일 거절당하는 것을 목표로 삼으라고 했다고 한다. 그가 멘토에게 가장 큰 칭찬을 받은 날은 하루에 무려 50~60명에게 거절을 당하고 온 날이었다. 이러한 훈련을 통해 거절에 대한 두려움을 극복한 그는 연봉 4억 원의 성공적인 보험 영업사원이 될 수 있었다.

등록된 특허 수만 해도 1000개가 넘는 발명왕 에디슨도 처음부터 탄탄대로를 달린 것은 아니었다. 그는 2000번 이상의 실패를 맛본 후에야 전류가 통해도 타지 않고 빛을 내는 필라멘트를 발명할 수 있었다. 당시 한 기자가 에디슨에게 2000번 이상의 실패를 경험한 기분이 어떠했냐고 묻자 에디슨은 "실패라니요? 나는 단 한 번도 실패한 적이 없습니다. 다만 2000번 이상의 단계를 거쳐 전구를 발명했을 뿐입니다"라는 명언을 남겼다. 마찬가지로 상대방의 승낙 역시 필연적으로 거절의 단계를 거친 다음에야 주어지는 트로피임을 기억해야 한다.

거절과 반발이 생활의 일부분이라는 사실을 인정한다면 우리는 거세게 저항하는 사람과 함께 살아가는 방법을 배워야 한다. 거절을 변수(變數)가 아니라 상수(常數)로 생각하고, 거절을 두려워하지 않는 마음가짐을 갖는 것이 훌륭한 첫걸음이다. 영화배우 로버트 드니로 역시 2015년 뉴욕대학의 티시예술대 졸업식 축사에서 졸업생들에게 이제 그들 앞에는 새로운 세상의 문이 기다리고 있는데 그 문은 거절의 문이라고 말하고 있지 않은가? 졸업생들이 앞으로 입게 될 맞춤 티셔츠 뒤에는 거절(REJECTION)이라는 단어가 그리고 앞에는 다음(NEXT)이라는 단어가 적혀 있다면서 그는 이렇게 덧붙인다. "원하는 배역을 얻지 못했다고요? 다음! 그다음! 그래도 안 되면 또 그다음! 그러면 여러분은 해낼 수 있습니다."

좋은 시작을 준비하는 다음 단계는 거세게 저항하는 사람을 일단 자리에 앉게 만드는 것이다. 『설득의 심리학』에서 로버트 치알디니는 동물의 몸집이 싸움에 미치는 영향을 상세하게 언급한다.

일반적으로 동물의 세계에서 경쟁자 간의 싸움은 덩치가 더 크고 강한 놈의 승리로 끝난다. 그러나 이러한 싸움은 승자와 패자 모두에게 신체적 피해를 입힐 가능성이 높기 때문에 동물들은 경우에 따라 실제적 싸움보다는 형식적 싸움을 통해 승자와 패자를 결정한다. 이러한 대립 상황에서 거의 빠지지 않고 등장하는 전략이 바로 자신의 몸집을 부풀리는 방법이다. 포유동물들은 그들의 허리를 휘게 하거나 온몸의 털을 곤두세워 키가 크게 보이도록 한다. 물고기들은 지느러미를 길게 늘어뜨리거나 물로 아가미를 가득 채워 그 몸집을 부풀린다. 새들도 날개를 크게 펴서 최대한 퍼덕거림으로 그의 몸집을 과시한다.

사람도 마찬가지다. 싸우려는 사람은 절대 의자에 편하게 앉아 있지 않을 것이다. 서 있는 자세가 앉아 있는 자세보다 더 커 보일 것이기 때문이다. 당신과 대화할 때 상대방이 앉기를 거부한다면 그가 당신의 생각에 반대하려 한다고 간주해도 무방하다. 영화 〈긴급명령〉에서 해리슨 포드는 자리에 앉으라는 대통령의 명령을 거절하고 서 있음으로써 저항의 뜻을 분명히 밝힌다. 사회과학적인 연구 결과도 서 있는 사람이 의자에 편하게 앉아 있는 사람보다 훨씬 저항력이 크다고 보고한 바 있다.[1] 그렇다면 거절의 의도를 갖고 있는 사람은 무슨 수를 쓰든 간에 일단 자리에 앉게 만들어야 한다. 의자에 앉기만 해도 그의 저항은 바람 빠진 고무풍선처럼 날아가버릴 것이다.

거절의 의도를 갖고 있는 사람을 의자에 앉게 만든 다음에는 맛있는 커피를 한잔 대접하라. 커피는 인류가 물 다음으로 많이 마시는 음료이며, 전 세계 교역량 순위에서 석유 다음의 위치를 차지할 정도로 세계적으로 사랑받는 음료다. 국내에서도 보건복지부가 발표한 2014년 국민건강통계에 따르면 성인 남녀가 가장 많이 섭취하는 식품은 커피로 일주일에 평균 12회나 섭취하는 것으로 나타났다. 이 수치는 한국인의 주식인 쌀 소비가 일주일에 7회에 불과하다는 사실에 비춰볼 때 놀라울 따름이다.

악마처럼 검고
지옥처럼 뜨거우며
사랑처럼 달콤하다

프랑스 정치가이자 외교관인 샤를 모리스 드 탈레랑 페리고르가 쓴 시 「커피 예찬」이다. 프랑스 소설가 오노레 드 발자크는 유독 커피를 사랑해 하루에 60잔 이상의 커피를 마셨다고 한다. 사람들은 커피를 마시면서 그 맛을 즐기고 마음의 여유를 찾는다. 하지만 거절의 심리학 관점에서 볼 때 커피는 또 다른 큰 의미를 갖는다.

호주 퀸즐랜드대학의 연구팀은 2006년 커피가 상대방의 저항을 낮춰 설득 효과를 갖는다는 실험 결과를 발표했다. 이들은 학생 140명을 대상으로 안락사와 낙태 등 민감한 주제에 대한 견해를 물은 다음 두 집단으로 나눠 각각 일반 주스와 커피 두 잔 분량의 카페인이 들어간 주스를 마시게 했다. 그 결과 카페인 주스를 마신 학생들에게서 설득 효과가 더 크게 나타났다. 연구팀은 몸속에 카페인이 들어가면 기분이 좋아져 사람들이 거절 대신에 '예스'라는 긍정적인 답을 할 가능성이 높다며, 커피가 설득을 위한 최고의 음료라고 치켜세웠다. 커피는 사람들의 인지적 반응을 활성화시켜 자신의 의견과 다른 주장에 대해서도 저항 없이 개방적인 태도를 갖도록 만드는 효과도 있다고 연구팀은 보고했다.

『설득의 심리학 2(YES!)』도 상대방을 설득하기에 가장 좋은 시간은 상대방이 모닝커피를 마신 직후라면서, 만일 이 시간에 미팅을 할 수 없다면 최소한 커피나 카페인이 들어간 음료를 건넨 다음 설득을 시작하라고 권한다. 이 책을 읽은 한 독자는 "좋은 팁 감사합니다. 그녀를 만나면 꼭 커피 한잔할게요"라고 말했다. 호주의 일간지 《디에이지(The Age)》 역시 "데이트할 때 카페인을 제거한 커피는 그다지 좋은 선택이 아닐 수 있다"라고 말한다.

함께 커피를 마시는 사람이 당신에게 크게 저항하는 상황이라면 조심해야 할 행동이 한 가지 더 있다. 최근 독일의 한 대

커피전문점에서 커피를 즐기고 있는 사람들

학이 실시한 연구 결과에 따르면 저항하는 사람과는 가급적 눈을 덜 맞추는 것이 더 좋은 결과를 낳는다.

　대체로 사람들은 눈을 맞추는 행동이 긍정적인 결과를 가져온다고 믿는다. 한 예로, 재능교육 경북총국 대구성서지역국 이주연 재능스스로 선생님은 자신의 성공 노하우를 '눈맞춤'에서 찾는다. 재능스스로 선생님의 역할을 '긍정적인 동기부여'와 '아낌없는 칭찬'이라고 단언하는 그녀는 200여 과목을 관리하면서 제1원칙으로 꼽는 것이 있다. 그것은 바로 '눈맞춤'이다. 서로 눈을 맞춰야 진심이 통하기에 그녀는 아이에게 하고 싶은 말이나 당부하고 싶은 말은 꼭 눈을 맞추고 한다. 뿐만 아니라 회원 어머니를 상담할 때도 눈맞춤은 필수다. 그녀는 자신의 블로그에 아이와 공부를 마치면 반드시 어머니들과도 눈을 맞추고 이야기한다고 썼다.

그렇지만 독일 대학의 연구 결과를 보면 눈맞춤이 언제 어디서나 바람직한 결과를 낳는 것은 아닌 모양이다. '아이 트래킹(eye tracking)'이라는 최신 연구 기법을 사용한 결과, 우리가 잘 알고 있는 눈맞춤 효과는 설득자에게 비우호적인 사람들에게는 나타나지 않는다는 사실이 밝혀졌다. 설득자의 주장에 이미 우호적인 생각을 갖고 있는 사람들에게는 설득자가 눈맞춤을 오래 할수록 설득 효과가 더 크게 나타났지만 설득자의 생각에 찬성하지 않는 사람들과는 눈맞춤을 오래 할수록 오히려 설득 효과가 떨어지는 것으로 나타났다.

연구팀의 일원이었던 줄리아 민슨(Julia Minson) 하버드케네디스쿨 교수는 눈맞춤은 상황에 따라 여러 가지 의미로 해석될 수 있다는 사실에 주의해야 한다고 말한다. 우호적인 상황에서 눈맞춤은 신뢰의 신호로 해석되지만 비우호적인 상황에서 눈맞춤은 위협의 사인으로 해석된다는 것이다. 상대방의 저항이 예상되는 상황에서는 가급적 눈맞춤을 피하거나 최소화하는 것이 오히려 좋은 결과를 가져온다는 것이 이들의 주장이다.

이런 이유로 현명하게 설득하기 위해서는 무조건 상대방과 눈맞춤을 하려고 노력하기보다는 먼저 나와 상대방이 어떤 상황에 처해 있는지부터 살필 필요가 있다. 말을 듣지 않는 자녀들과 눈을 맞추고 훈계하려는 부모들도 아이를 설득하기에 앞서 아이들이 자신의 말에 얼마나 저항할 것인지를 고민해야 할 것이다.

이처럼 오메가 설득 방식은 시작에 앞서 꼼꼼한 사전 준비를 필요로 한다. 거절을 두려워하지 않는 마음가짐을 갖고, 거세게 반발할 것으로 예상되는 상대방을 일단 자리에 앉게 만들고, 커피 한 잔을 대접하고, 눈맞춤을 최소화하는 세심한 행동은 모두 상대방의 저항을 약화시키는 데 큰 도움이 된다.

모든 준비가 완료되었다면 이제부터는 다양한 오메가 설득 이론에 입각해 보다 구체적으로 거절당하지 않는 힘을 키우는 방법론에 대해 생각해보자.

저항의 벽을 무너뜨리는
마법의 언어
2

죽고자 하는 자는 살 것이요, 살고자 하는 자는 죽을 것이다.

누적 관객 수 1760만 명으로 한국영화 역대 흥행순위 1위에 오른 〈명량〉에서 이순신 장군이 왜군과의 최후의 한판을 앞두고 남긴 명언이다. 저항의 관점에서 이 역설적 명언을 바꾸어 표현하면 "저항을 인정하는 자는 저항을 이겨낼 것이요, 저항을 부정하는 자는 저항의 벽을 넘지 못할 것이다"라고 할 수 있다.

나는 대학 강단에서 '설득 커뮤니케이션'이란 과목을 강의하면서 매 학기 학생들에게 설득 경험을 묻는다. 놀랍게도 가장 기억에 남는 설득 경험 세 가지를 말해보라는 내 요청에 당황하는 학생들이 적지 않다. 대학생들에게 설득은 낯선 경험인 것이다. 그들이 말하는 설득 경험은 기껏해야 여자친구 혹은 남자친구를 설득해 자기가 원하는 영화를 본 정도였다. 하지만 우리가 살고 있는 세상에는 심각한 반대가 도처에 깔려 있다. 만화가가 되고 싶은 아들과 반대하는 부모, 무조건 내 말에 반대만 하는 직장 상사, 최근 사드 배치 문제와 관련한 찬반론 등 우리는 우리의 생각에 찬성하는 사람보다 반대하는 사람을 만날 확률이 더 높다. 그렇다면 자신의 생각에 반대하고 자신의 요청을 거절할 것이 분명한 상대방을 설득하기 위해서는 어떤 말로 시작해야 할까?

중무장을 하고 있는 상대방의 저항의 벽을 무너뜨리는 마법의 언어가 다름 아닌 상대방이 내 설득 시도에 저항하고 있음을 인정하는 표현이라는 사회과학자들의 주장은 매우 아이러니하다. 설득 현상을 접근-회피 갈등의 관점에서 접근하는 학자들은 설득 메시지가 본질적으로 수용자의 두 가지 동기를 동시에 자극한다고 주장한다. 설득 메시지는 수용자로 하여금 정보원이 원하는 특정 방향으로 접근하려는 동기를 갖도록 하지만 동시에 정보원이 원하는 특정 방향에서 멀어지고 싶은 저항의 동기도 만들어낸다는 것이다.

예를 들어 최신 수입자동차 광고에 노출된 소비자들은 광고가 보여주는 매력적인 자동차를 내 것으로 소유하고 싶다는 구매 동기를 느끼는 동시에 수입차를 타면 차량유지비가 만만치 않을 것이라는 저항 동기도 함께 느낀다. 하지만 흥미롭게도 수용자의 접근 동기를 만족시켜주는 내용은 광고에서 분명하게 제시되는 반면에 수용자의 회피 동기와 관련된 내용은 전혀 수면 위로 떠오르지 않는 것이 일반적이다.

사람들은 대체적으로 수용자의 저항을 공개적으로 언급하기를 꺼린다. 심지어 상대방이 자신에게 저항할지 모른다는 사실조차 인정하지 않는다. 내 오메가 설득 이론 강의를 들은 한 청중은 나중에 "상대방이 제 생각에 저항할 것이라고는 한 번도 생각해본 적이 없습니다"라고 고백했다. 이는 상대방의 저항을 인정하고 구체적으로 언급하면 오히려 상대방이 더 크게 저항할 것이라는 걱정 때문이다. 그러나 설득 전문가들은 상대방의 저항을 인정하고, 구체적으로 이름을 붙이고, 저항의 역할을 공식화하면 오히려 역설적으로 저항의 힘은 약화된다고 말한다. 저항의 힘은 수면 아래 숨겨져 보이지 않을 때 더 큰 영향력을 발휘한다는 것이 이들의 주장이다. 뉴욕대학의 심리학자 제이 린(Jay Linn)과 아칸소대학 에릭 놀스(Eric Knowles)의 연구 결과는 그러한 주장이 타당함을 여실히 보

여준다.[2]

린과 놀스는 상대방의 저항을 인정하는 설득 메시지와 그렇지 않은 설득 메시지의 효과 차이를 실험을 통해 검증했다. 그들은 등록금 인상과 관련된 두 종류의 설득 메시지를 준비했다. 대학의 학생처장이 학생들을 대상으로 설득하는 상황에서 첫 번째 메시지는 "여러분이 동의하기 힘들다는 사실을 잘 알고 있지만"이라는 표현을 통해 학생들의 저항을 미리 인정한 다음 "등록금을 약간만 인상한다면 훨씬 좋은 환경에서 공부할 수 있을 것입니다"라는 말로 등록금 인상을 요구하는 것이었다. 반면에 두 번째 메시지는 등록금 인상과 관련된 학생들의 저항에 대한 언급을 전혀 하지 않고 곧바로 등록금을 약간만 인상하면 교육환경이 크게 개선될 것이라는 요지로 등록금 인상을 요구했다. 실험 결과, 두 가지 유형의 설득 메시지는 효과 측면에서 통계적으로 유의미한 차이를 보여주었다. 학생들의 저항을 인정하는 표현이 포함된 설득 메시지가 그렇지 않은 설득 메시지보다 훨씬 우호적인 반응을 이끌어낸 것이다.

린과 놀스는 이러한 결과가 설득 메시지의 주제가 갖는 특수성에 의한 것인지 여부를 알아내기 위해 첫 번째 실험을 확장해 두 번째 실험을 진행했다. 이번에는 등록금 인상과 함께 역시 학생들에게 원성이 자자한 캠퍼스 주차 서비스 시스템을 옹호하는 설득 메시지가 첫 번째 실험의 경우와 비슷한 형태로 제시되었다. 설득 메시지는 대학 캠퍼스의 주차 담당 책임자가 학생들에게 "여러분이 제 주장에 동의하고 싶어 하지 않는다는 것을 잘 알지만"이라는 표현에 이어 "사실 우리 대학의 주차 서비스는 타 대학에 비해 훨씬 저렴하고 편리합니다"라고 캠퍼스 주차 서비스 수준을 옹호하는 내용을 담고 있었다. 이 경우에도 학생들의 저항을 인정하는 표현이 포함된 설득 메시지가 그렇지 않은 설득 메시지보다 통계적으로 유의미한 우호적인 반응을 도출했다. 이러한 결과에 기초해 린과 놀스는 설득 메시지의 주제에 상관없이 예상되는 저항을 인정하는 메시지가 그렇지 않은 메시지보다 설득 효과가 더 크다는 사실을 다시 한 번 확인했다.

사람들은 막연하게 저항에 대해 언급하는 것이 저항의 힘을 키울 수 있다고 염려하지만 과학적인 연구 결과는 정반대로 저항을 인정하는 것이 오히려 저항의 힘을 약화시키는 것으로 나타났다. 우리는 더 이상 상대방을 설득하려고 노력하거나 그의 주장에 반론을 제기하기 위해 노력할 필요가 없다. 그저 예상되는 상대방의 저항을 인정해주기만 하면 된다. 나머지는 거절의 심리학에 맡기면 된다.

저항의 인정은 교육적인 측면에서도 매우 유용하게 사용될 수 있다. 어머니의 교육법을 다룬 책 『나, 비뚤어질 거야』의 저자인 허은실은 "엄마가 아직 안 된다고 했잖아. 네가 커서 어른이 되면 해. 지금은 안 돼"라고 말하면 아이가 아주 어릴 때는 어느 정도 효과가 있지만 커갈수록 "싫어요. 왜요?" 하는 식으로 말대꾸가 는다고 지적한다. 이럴 때 엄마가 "네가 지금은 이게 무척 하기 싫은 거 알아. 그렇지만 힘들어도 조금 더 참고 해보는 건 어떨까?"라고 아이의 저항을 인정해주고 의견을 물어 스스로 선택할 수 있도록 유도하면 아이가 훨씬 수용적으로 반응할 것이라고 이 책은 말한다. 오메가 설득 이론과 하등 다를 바 없는 주장을 교육 분야에서도 찾을 수 있는 것이다.

커서 대학생이 된 아이는 이제 대학 강단에서 학생의 저항을 인정하는 교수를 만나게 된다.

> "여러분, 지금은 무슨 소린지도 모르겠고 이걸 왜 하고 앉아 있어야 하나 생각할 거예요. 하지만 조금만 더 관심을 기울여 보세요. 이걸 배우면 앞으로 살면서 도움이 많이 될 겁니다."

내용이 어려운 수업을 진행해야 하는 교수가 예상되는 학생들의 저항을 미리 인정하는 말이다. 이처럼 교수가 학생의 입장에서 그들을 이해하는 표현을 하면 학생들의 저항을 상당 부분 감소시킬 수 있다.

거절의 심리학이 갖는 힘을 이해하게 된 대학생은 이제 스스로가 상대방의 저항을 인정하여 설득 효과를 높이는 행동을 취하게 된다. 나이가 들수록 설득 능력도 커지고 성숙해지기 마련이기 때문이다. 어렸을 때는 그저 단순히 자신이 원하는 것을 부모에게 요청하기만 했지만 나이가 들면 부모를 대상으로 거절의 심리학을 사용하게 된다. 엄마에게 용돈을 올려달라고 할 때 "엄마, 용돈이 부족한데 조금만 올려주세요"라고 하기보다는 "엄마가 나랑은 다르게 생각할 수 있는데 내 용돈은 조금 작은 편인 것 같아. 용돈을 좀 올려주면 어떨까요?"라고 말해보자. 엄마의 저항은 대폭 감소될 것이다.

"네가 ~하기 싫어하는 거 아는데"처럼 상대방의 저항을 인정하거나, "네가 걱정하는 건 아는데"처럼 상대방의 감정을 인정하고, "네가 나와 다르게 생각하는 건 아는데"처럼 상대방의 의견을 인정하는 다양한 표현들을 일상생활에서 구사해보자. 상대방의 저항은 확연히 줄어들 것이다.

이 광고를 다 읽어도 당신은 변하지 않을 것입니다.
이 광고를 다 읽어도 2시간 후 비닐봉지를 사용할 것이며

이 광고를 다 읽어도 내일 아침 샴푸를 마음껏 쓸 것이며.

그래서 당신이

"이 쓸모없는 광고를 왜 하는 거야?

이거 다 내 세금으로 하는 거 아냐?!"라고

생각할 줄 알면서도

그래도

이 광고를 하는 것은

당신이 아닌 단 한 사람이

수도꼭지를 잠근다면……

　환경보호를 위한 친환경적 행동을 촉구하기 위해 만들어진 한 광고는 시작부터 소비자의 저항을 확실하게 인정하고 있다. '환경보호를 실천하세요'라는 직접적인 권유 대신에 이 공익 광고는 소비자의 환경보호에 대한 무관심을 인정한다. 대신 당신이 아닌 단 한 사람이라도 이 광고를 보고 수도꼭지를 잠그거나 전기 스위치를 끄기를 기대한다고 말한다. 소비자의 저항을 인정하면서 동시에 소비자의 자존심을 자극하는 이 광고는 긍정적인 효과를 낳을 것으로 기대된다.

동문 여러분, 다소 귀찮으시겠지만 주변 동문들께도 이 페이지를 추천해주세요.

이 페이지 추천한다고 경찰 출동 안 합니다. 쇠고랑 안 차요.

귀찮으시겠지만 한 번 봐주세요.

귀찮으시겠지만 잠깐이라도.

귀찮으시겠지만 조언 좀.

읽기 귀찮으시겠지만 질문 드립니다.

인터넷 포털에서 '귀찮으시겠지만'이라는 단어를 키워드로 검색하면 위에 소개한 것처럼 수많은 질문 글들을 볼 수 있다. 흥미롭게도 귀찮고 하기 싫다는 저항을 미리 인정한 다음 자신이 원하는 바를 요청하는 글에는 적지 않은 댓글이나 답변이 달려 있다.

상대방의 저항을 인정할 때 조심해야 할 것이 하나 있다. 설득자는 최대한 피설득자와 감정적 상태를 공유하기 위해 노력해야 한다. 저항을 인정하는 전략이 효과적으로 작동하는 이유는 그것이 설득자와 피설득자 사이의 공감대 형성에 도움이 되기 때문이다. 상대방이 자신의 요청대로 반응하고 싶어하지 않는다는 사실을 미리 인정하고, 더 나아가 자신이 상대방이 원치 않는 요청을 하고 있다는 사실을 인정하는 것은 설득자가 피설득자에게 보내는 최고의 공감 메시지다. 상대방의 저항의 본질을 정확하게 파악한 다음 그를 최대한 공감하고 인정하면 저항은 봄눈 녹듯 사라질 것이다.

상대방의 저항을 인정하는 오메가 설득 전략의 가치는 그것이 경제적이라는 점에서 추가로 찾을 수 있다. 상대방의 저항을 약화시키기 위해 자신의 요구 사항에 인센티브를 추가하거나 합리적 이유를 덧붙이지 않아도 된다. 자신의 요구 사항을 전혀 변화시키지 않고 단순히 상대방의 저항만 인정하면 원하는 결과를 얻을 수 있다. 비밀의 힘은 깊이 감추어져 있을 때만 발휘되는 모양이다. 상대방의 저항 의도를 공개적으로 드러내면 마치 나무꾼에게 날개옷을 빼앗긴 선녀처럼 저항은 그 힘을 잃게 된다.

절대로
백곰을 생각하지 말라

3

저녁 회식하지 말라. 괜히 술잔 주며 "우리가 남이가" 하지 말라. 밥 먹으면서 소화 안 되게 "뭐 하고 싶은 말 있으면 자유롭게들 해봐" 하지 말라. "내가 누군 줄 알아?" 하지 말라. 무엇보다도 아직 아무것도 망칠 기회조차 가져보지 못한 젊은이들에게 이래라저래라 하지 말라.

문유석 판사의 2017년 새해 첫 신문 칼럼의 일부다. 칼럼 제목은 「전국의 부장님들께 감히 드리는 글」이다. 문 판사는 전국의 부장들에게 여러 가지를 하지 말라고 조언했지만 심리학자들은 '하지 말라'는 말은 오히려 역효과를 낳을 가능성이 높기 때문에 매우 조심스럽게 사용할 필요가 있다고 지적한다. 문 판사의 글을 읽고 전국의 부장들이 하지 말라는 행동을 오히려 더욱 자주 하게 될지도 모르기 때문이다. 앞에서 상대방의 저항을 인정하는 표현을 더욱 적극적으로 사용하라고 주장했지만 이번에는 '하지 말라'는 말은 저항하는 사람에게 절대로 사용하면 안 된다는 주장을 하려고 한다. 이 말도 사실은 하면 안 되지만 말이다.

러시아의 문호 도스토옙스키는 어느 날 동생에게 구석으로 가서 절대로 백곰을 생각하지 말고 서 있으라고 했다. 동생은 형의 말대로 정말 백곰을 생각하지 않았을까? 대니얼 웨그너(Daniel Wegner) 하버드대학 교수는 도스토옙스키에 관한 일화를 실제로 과학적인 실험을 통해 검증했다.[3] 그의 연구팀은 실험에 참여한 사람들에게 절대로 백곰을 생각하지 말라고 요청했다. 실험 결과, 자신의 생각을 억누를 것을 요구받은 사람들은 그렇지 않은 사람들에 비해 오히려 금지된 생각을 더 많이 했다.

공포영화를 보고 집에 돌아와 잠들기 전에 영화 속 무서운 장면이 떠오를 때 아무리 노력해도 그 생각을 떨쳐버릴 수 없었던 기억이 있을 것이다. 다이어트를 하는 사람들은 하루 종일 맛있는 음식을 생각하지 않으려고 혈투를 벌인다. 그러나 심리학자들은 특정한 생각을 의도적으로 억누르면 오히려 정반대의 결과가 나타난다고 말한다.

커뮤니케이션 영역에서도 동일한 현상이 나타난다. 미국의 심리학자 잭 브레엠(Jack Brehm)에 따르면 설득 메시지는 아무리 좋은 의도에서 만들어졌다고 해도 본질적으로 일정 부분 상대방의 자유로운 행동을 금지하는 '하지 말라'는 메시지의 속성을 포함하고 있다. 예를 들어 흡연자에게 담배를 피우지 말 것을 요구하는 설득 메시지는 담배를 피우는 문제에 대해 스스로 결정하고 최선의 선택을 원하는 흡연자의 자유를 위협한다는 것이다. 이러한 위협에 대해 흡연자는 심리적 반발을 느끼고, 이 심리적 반발의 크기에 따라 금연 캠페인의 설득 성공 여부가 갈리게 된다.

한국 사람들은 유독 어렸을 때부터 '하지 말라'는 소리를 자주 듣고 자랐다. 어린 시절에는 오락이나 게임하지 말라는 부모님의 잔소리를 듣고 청소년 시기에는 연애하지 말라고, 성인이 되어서는 술 담배하지 말라는 소리를 일상적으로 듣는다. 그러다 보니 우리 몸에는 심리적 반발이 자연스레 배어 있는 듯하다.

그 증거로 세계 주요 관광지에 가면 한국 사람들의 낙서가 흔히 발견된다는 사실을 들 수 있다. 독일의 유명 관광지가 한

글 낙서로 도배되다시피 했다는 고발 글이 인터넷에 올라 화제가 되기도 했다. 최근에는 중국이 세계문화유산으로 자랑하는 만리장성에 새겨진 한글 낙서가 중국 SNS에 회자되면서 중국 네티즌들의 맹렬한 비난을 받은 바 있다. 심리적 반발의 관점에서 보면 한국 사람들이 어려서부터 낙서 금지라는 제한을 많이 받고 살아오다가 비교적 행동의 제약이 느슨한 외국에서 그동안 억눌린 자유를 마음껏 분출한 것으로 해석할 수 있다.

사회과학자들의 연구 결과에 의하면 사람들은 어떤 행동을 하라고 권장할 때보다는 하지 말라고 금지할 때 더욱 크게 저항하는 것으로 보인다. 순응 획득(compliance-gaining) 연구 결과는 특정 행동을 금지할 때보다 특정 행동을 권장할 때 사람들의 순응도가 더욱 높다는 사실을 보여준다. 따라서 가급적 긍정적인 언어를 사용하는 습관을 들이는 것이 사람들의 저항을 낮추고 거절당하지 않는 힘을 기르는 지름길이라고 할 수 있다.

자녀를 키울 때도 가급적 '하지 말라'는 부정적인 언어를 최소한도로 사용하도록 노력해야 한다. 특히 저항 강도가 가장 높은 사춘기의 자녀에게는 '하지 말라'는 말은 백해무익일 것이다. 우리는 가족뿐 아니라 직장 동료, 친구, 연인 등 일상에서 만나는 모든 사람과의 관계에서 '하지 말라'는 부정적인 언어 표현을 '하라'는 긍정적인 언어로 대체하기 위해 적극적으로 노력할 필요가 있다.

미국의 기업 디즈니에서는 직원들을 교육시킬 때 모든 상황에서 긍정적인 언어를 사용하도록 훈련시킨다. 한 예로 어떤 고객이 "몇 시에 문을 닫나요?"라고 물어보면 디즈니 직원은 "우리는 ○○시까지 문을 엽니다"라고 대답한다. 문을 닫는다는 부정적인 표현보다는 문을 연다는 긍정적인 표현이 훨씬 예쁘게 들린다. 한 미술품 갤러리에서도 비슷한 표현을 볼 수 있다. 아크릴로 만들어진 매우 정교한 조각품 앞에는 이러한 표지판이 붙어 있다. "눈으로 만져주세요." 일반적으로 볼 수 있는 "만지지 마세요"라는 표지판보다 훨씬 저항이 적으면서도 효과는 높을 것으로 기대되는 창의적인 표현이다.

한때 철거 여부를 두고 논란의 대상이 되었던 서울 마포대교 생명의 다리 역시 심리적 반발 차원에서 매우 흥미로운 사례에 해당된다. 2012년 9월 26일 서울 마포대교 인도를 따라 투신자살 예방을 위한 '생명의 다리'가 만들어졌다. 제일기획이 아이디어를 내고 삼성생명이 협찬한 작품이었다. 한강의 다리 중 마포대교에서 자살 사건이 유독 자주 일어났기 때문에 그곳에 생명의 다리가 설치된 것이다. 생명의 다리에는 1.8킬

로미터의 난간을 따라 자살을 시도하려는 사람들을 위로하는 다정한 문구와 조형물이 설치되었다.

하지만 당초 목적과는 달리 생명의 다리 설치 전에 비해 마포대교에서 자살하는 사람의 수가 17배나 증가하자 이 다리를 철거해야 한다는 목소리가 커졌다. "밥은 먹었어? 무슨 고민 있어? 오늘 하루 어땠어? 잘 지내지? 내일은 해가 뜬다" 등 자살 회유를 목적으로 써넣은 메시지, 다시 말해 '하지 말라'는 메시지가 자살을 결심한 사람들의 마음을 되돌리기보다는 오히려 심리적 반발을 일으켜 그들의 마음을 더욱 자극했을지도 모를 일이다. 자살을 예방하기 위한 메시지는 자살 시도자

철거 논란이 일고 있는 마포대교 생명의 다리

의 심리적 반발을 일으키지 않도록 더욱 조심스럽게 설계되어야 할 것이다.

저항의 심리학 전문가들은 하지 말라면 심리적으로 반발하여 더욱 하고 싶어지는 인간의 본성을 역이용하는 설득 방법들을 제시한다. 유도(柔道)라는 운동은 말 그대로 '부드러운' 운동이다. 유도에서의 부드러움이란 상대방의 힘에 물리적으로 대항함을 말하는 것이 아니라 오히려 물리적인 원리를 적용해 상대방의 힘을 자신에게 유리한 방향으로 역이용함을 말한다. 역심리학(reverse psychology) 역시 유도의 원리를 충실히 따른다. 상대방이 밀고 들어오면 대항하지 않고 뒤로 움직이고, 상대방이 뒤로 가면 앞으로 나아간다. 상대방의 저항이 크면 클수록 오히려 역설적으로 그 저항의 힘을 설득의 목적으로 역이용하기가 쉬워질 수 있다.

거절의 심리학 전문가들이 소개하는 역심리학에 기반을 둔 구체적인 설득 방법론에는 청개구리 기법과 자존심 긁기 기법이 있다. 이러한 역심리학 기법들은 특별히 상대방이 저항의 내용이나 방향보다는 저항 그 자체에 커다란 가치를 두고 있을 때 더욱 효과적이다. 부모의 말에는 무조건 저항하고 반발하는 자녀가 있다면 여기서 소개하는 내용이 자녀 교육을 위한 매우 소중한 지침이 될 수 있을 것이다.

하지 말라면 더 하고 싶어진다

•

사람들이 무언가에 심리적으로 반발을 할 때 어떤 결과가 나타날까? 골프를 예로 들어보자. 흔히 골프를 심리적인 운동이라고 한다. 그런 까닭에 특히 내기 골프를 칠 때 상대방의 이른바 '구찌 겐세이'(골프장에서만 통용되는 일본어로, 말로 시비 거는 것을 뜻함) 때문에 종종 경기를 망치게 된다. 골프를 칠 때 말을 많이 해서 상대방에게 심리적 부담을 주는 행동을 골퍼들은 '구찌 겐세이한다'고 말한다. 표준말은 아니지만 많은 사람이 알고 있는 표현이다.

퍼팅을 앞두고 있는 동반자에게 구찌가 센 사람이 "짧게 치지 마"라고 말하면 상대방은 어떤 플레이를 할까? 대부분의 골퍼들은 그런 경우 퍼팅을 짧게 치고 만다. 왜 그럴까? 상대방의 구찌 겐세이는 듣는 사람을 생각하게 만든다. '왜 짧게 치지 말라고 했을까? 길게 치는 게 상대방에게 더 이로울까? 맞아, 그럴 거야. 그럼 나는 절대로 길게 치지 말아야겠군.' 이러한 복잡한 마음의 결과는 결국 홀에 못 미치는 짧은 퍼팅으로 나타난다. 구찌 겐세이가 상대 골퍼에게 확실한 심리적 반발을 일으키는 것이다. 더 이상 구찌 겐세이의 희생양이 되지 않기 위해 심리적 반발 효과에 대한 심리학 대가의 자세한 설명을 들어보자.

브레엠은 1966년에 발표한 '심리적 반발 이론(psychological reactance theory)'을 통해 설득 메시지에 의해 선택의 자유를 위협당하면 사람들은 잃어버린 자유를 되찾기 위해 다양한 모습으로 반발한다고 주장했다. 흡연자들이 담배가 몸에 해롭다는 금연 메시지에 전혀 귀를 기울지 않거나, 자신의 자유를 위협하는 메시지를 전달하는 정보원을 싫어하거나, 식당에서 어린아이들에게 뛰어다니지 못하게 하면 오히려 바닥에 벌러덩 드러누워 이상한 소리를 내는 것도 모두가 빼앗긴 자기결정권을 복원시키기 위한 몸짓이라는 것이다.

심리적 반발이 초래할 수 있는 최악의 시나리오는 부메랑 효과(boomerang effect)가 발생하는 것이다. 브레엠의 이론에 따르면 어떤 행동의 자유가 위협당하면 자유를 복원하고자 하는 동기가 유발되어 그 행동을 이전보다 더욱 강렬하게 원하게 되고, 결과적으로는 그러한 행동을 더욱 열심히 하게 된다. 담배를 피우지 말라고 하면 피우고 싶은 욕망이 더 커져 이전보다 자주 찾게 되는 현상을 우리는 부메랑 효과라고 부른다.

하지 말라고 하는 금지된 행동을 더욱 소망하게 되는 부메랑 효과를 역으로 이용한 역심리학 설득 기법에 나는 '청개구리 기법'이라는 이름을 붙였다.⁴ 쉽게 말해 고의적으로 '하지 말라'는 표현을 하여 상대방으로 하여금 오히려 금지된 행동을 하게 만드는 전략을 말한다.

청개구리 이야기를 모르는 사람은 없을 것이다. 청개구리는 불효자였다. 엄마가 공부하라면 놀고, 일찍 일어나라면 늦잠 자고, 일하라면 도망가는 등 뭐든지 정반대로 행동했다. 그러다 엄마가 돌아가시게 되었다. 엄마는 아들 청개구리가 평생 자신의 말과는 반대로 행동했다는 사실을 기억하고는 자신을 강가에 묻어달라고 유언했다. 그리하면 아들이 산속에 묻어줄 것이라고 생각하고 말이다. 그런데 엄마가 돌아가시자 마침내 철이 든 청개구리는 평생 처음으로 엄마 말씀대로 엄마를 강가에 묻었다. 결국 아들 청개구리는 엄마 청개구리의 소원을 잘못 들어준 것이다.

불행하게도 청개구리 이야기는 청개구리 기법이 실패한 예다. 예상을 뒤엎고 엄마 청개구리의 말에 아들 청개구리가 반발하지 않았기 때문이다.

심리적 반발을 역으로 이용하는 청개구리 기법의 역사는 멀리 그리스 신화까지 거슬러 올라간다. 그리스의 신 제우스는 인간들에게 벌을 주기 위해 각종 재앙들로 가득 찬 상자를 호기심 많은 판도라에게 준다. 이때 제우스는 일부러 "절대 이 상자를 열면 안 된다"라고 말한다. 그 결과는 우리가 익히 알고 있듯, 제우스의 심리적 반발을 역이용하는 발언에 더욱 강한 호기심을 느낀 판도라가 상자를 열었고 인간 세상에는 재앙이 넘쳐나게 되었다.

역사적으로 가장 성공적인 청개구리 기법의 예는 18세기 유럽의 프로이센에서 찾을 수 있다. 당시 밀은 주로 프로이센에서 경작되었는데 흉작으로 인해 값이 폭등하면서 굶어 죽는 사람들이 속출했다. 그러자 프로이센의 프리드리히대왕은 자국민의 기아 문제를 해결하기 위해 대체 작물로 감자의 경작과 소비를 강제했다. 영화 〈마션〉에서 물이 없고 척박한 화성에서 재배한 데에서 알 수 있듯 감자는 다른 작물에 비해 물과 비료를 덜 써도 재배가 가능하고 추위와 가뭄에도 강하기 때문이었다. 그러나 국민들은 먹음직스럽게 생기지 않은데다가 생소한 감자를 주식으로 하라는 국왕의 지시에 거세게 반발했고, 심지어 감자 재배를 거부하다 사형에 처해진 사람이 있을 정도였다.

묘수를 궁리하던 프리드리히대왕은 감자는 왕실 채소이니 왕족만 먹을 수 있다고 선포하고, 왕실 전용 농장에 감자를 심은 뒤 경비병을 두어 관리했다(그렇지만 실제로 삼엄하게 경비하지는 않았다). 그러자 국민들은 감자가 왕실에서 경비병을 둘 정도로 귀한 채소라면 매우 가치 있는 것임이 분명하다고 생각하고는 목숨을 걸고 거부했던 감자를 목숨을 걸고 훔치게 되었다. 얼마 지나지 않아 감자를 거래하는 거대한 지하 경제가 생겨났고 감자는 자연스럽게 국민들의 식탁에 오르게 되었다. 감자를 먹지 못하도록 선택의 자유를 제한하니 오히려 감자를 먹고 싶어 하는 부메랑 효과가 집단적으로 나타난 것이다.

오늘날 광고 업계에서 청개구리 기법은 단골 마케팅 도구다. 하지 말라면 더욱 하고 싶은 심리는 가장 기본적인 인간 동기의 하나이기 때문이다. 예를 들어 "남자들은 참아줘요. 깨끗한 캔디바. 여학생만 먹는 깨끗한 아이스바"라는 광고 카피는 남성 집단의 심리적 반발을 의도한 것이라 할 수 있다. 정말로 남자들은 이런 사소한 광고 카피에 심리적으로 반발할까? 알로에 껌의 성공 사례를 보면 그럴 수도 있겠다는 생각이 든다.

해태제과가 1980년대에 출시한 알로에 껌은 처음에 몸에 좋은 알로에의 효능에 착안해 20대 후반부터 30대 여성들에게 초점을 맞춘 판촉 활동을 벌였으나 판매 실적이 극히 저조했다. 그러자 해태제과는 2차 캠페인에서 "17세 이상만 씹어주세요"라는 슬로건을 내걸고 10대들을 공략하기 시작했다. 껌을 구매할 수 있는 자유를 위협당한 10대 초반 어린 학생들은 이 슬로건에 크게 반발했고 자유를 되찾기 위해 오히려 껌을 적극적으로 구매해 알로에 껌은 시장에서 1위의 자리를 차지하게 되었다.

정치계에서도 청개구리 기법이 효과적이라는 사실은 '투표하지 마세요(Don't vote)' 캠페인을 보면 알 수 있다. 미국 선거관리위원회는 2008년 대선을 앞두고 투표를 독려하는 전략으로 '투표하세요'라고 하는 대신에 '투표하지 마세요'라고 하는 청개구리 기법을 사용했다. 선거관리위원회의 공익 광고에는 유명한 할리우드 스타들이 다수 등장해 유권자들에게 투표하지 말라고 외쳤다. 자신의 투표권에 대한 선택의 자유를 제한당한 유권자들은 과연 어떤 반응을 보였을까? 심리적으로 반발해 오히려 투표에 적극적으로 참여했을까? 선거의 결과는 그렇다는 것을 보여준다. 2008년의 미 대선 투표율은 2004년에 비해 1.5퍼센트 상승한 58.2퍼센트를 기록했으며 이 수치는 베트남 전쟁 중에 치른 1968년 대선 이후 최고치이기 때문이다.

듣지 마, 안 좋을 때 듣지 마
듣지 마, 우리 노래 듣지 마
듣지 마, 안 좋을 때 들으면 더 안 좋은 노래

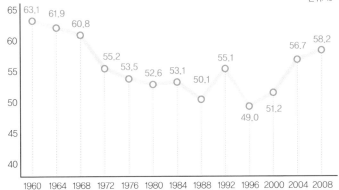

자료: 미 통계조사국

역대 미국 대선 투표율

2012년에 형돈이와 대준이가 부른 〈안 좋을 때 들으면 더 안 좋은 노래〉라는 노래 가사의 일부다. 이들은 자신의 노래를 듣지 말라고 반복적으로 말한다. 게다가 신곡 홍보를 위해 라디오 방송에 출연해서는 "음원 사이트에서 1위를 하면 음악 방송 나가야 한다. 그럼 귀찮다. 우리 노래를 안 들었으면 좋겠나"라고 능청스럽게 말했다.

그러나 그들의 바람과는 달리 이 곡은 음원 차트에서 1위를 했고 후에 형돈이와 대준이는 음악 방송에 출연하기도 했다. 이 곡의 성공이 청취자의 심리적 반발에 의한 것인지 과학적으로 증명할 수는 없지만 청개구리 기법에 잘 들어맞는 흥미로운 사례라 할 수 있다.

하지만 청개구리 기법은 부메랑 효과를 기대하고서 자신이 실제로 원하는 것과는 정반대의 요구를 하는 전략이기 때문에 사용할 때 매우 주의해야 한다. 앞서 소개한 엄마 청개구리 실패 사례가 보여주고 있듯 청개구리 기법은 상대방이 자신의 주장에 심리적으로 반발할 것이라는 확신이 있을 때만 사용해야 한다. 예를 들면 한때 인터넷 배너 광고 중 최고의 조회 수를 기록했던 "이곳을 누르지 마세요"라는 광고 메시지처럼 말이다. 그렇지 않다면 다음에 소개하는 웹툰의 내용처럼 역심리학의 역효과가 발생할 수 있다.

청개구리 세계에서 한 엄마 청개구리가 공부를 하지 않는 아들에 대한 고민을 털어놓는다. 그러자 다른 엄마가 청개구리 기법을 사용해보라고 권한다. 아들에게 "공부 그만해"라고 청개구리 기법을 사용하면 아들이 "아니야, 공부할 거야"라고 할 것을 기대한 것이다. 그러나 엄마의 의도를 눈치 챈 아들이 오히려 '공부'의 반대말인 '놀이'와 '그만해'의 반대말인 '계속해'를 이어 붙여 "놀이 계속할게요"라고 말하는 것이 아닌가? 청개구리들에게는 이런저런 이유로 청개구리 기법이 잘 통하지 않는가 보다.

손권의 자존심을 건드리다

●

『삼국지』의 적벽대전에는 조조가 100만 대군을 앞세워 오나라 손권에게 항복을 권고하는 장면이 나온다. 오나라 손권은 고심 끝에 조조에게 항복하기로 결정한다. 하지만 때마침 동맹을 맺기 위해 오나라에 간 제갈량은 손권에게 "당신의 능력으로는 조조에 맞설 수 없으니 역시 항복하는 것이 좋을 듯합니다"라고 말한다. 이 말에 자존심이 크게 상한 손권은 결국 조조에 맞서 싸우기로 결심하고 출병을 명령한다. 제갈량은 자존심이 센 사람은 자존심을 건드리면 심리적으로 크게 저항한다는 설득 심리를 꿰뚫어보고 있었던 것이다.

이 사례가 보여주는 것처럼 자존심이 센 사람은 자존심을 지키려는 동기를 역이용하는 자존심 긁기 전략의 피해자가 될 가능성이 크다. 제2차 세계대전 중 발생한 한 사건은 그러한 개연성을 여실히 보여준다. 미국은 독일군의 잠수함에서 신식 어뢰를 관리하는 헨리라는 기술 장교를 체포했다. 그가 쉽사리 독일군의 신식 잠수함 원리를 털어놓지 않을 것이라고 생각한 미국 첩보 장교는 심문 대신에 독일군 기술 장교와 게임을 하며 시간을 보냈다. 그러던 어느 날 독일군 장교는 미군 장교에게 평소 궁금하던 것을 물었다.

독일군 장교: 자네는 나를 왜 심문하지 않나?

미군 장교: 자네 같은 말단 장교가 아는 게 뭐가 있다고 내가 심문을 하겠는가?

독일군 장교: 어허, 나는 특수 훈련을 받은 어뢰 장교란 말일세.

미군 장교: 독일에 어뢰 장교 따위가 있을 리 없지! 이 무슨 우스갯소리란 말인가?

독일군 장교: 이 사람이 뭘 모르는군! 어뢰뿐 아니라 우리에게는 미국보다 뛰어난 신식 음성 감지 어뢰도 있단 말일세.

미군 장교: 헛소리 그만하게. 꿈이라도 꾼 건가?

독일군 장교: 정말 뭘 모르는군. 자, 내가 설명해주지.

미군 장교가 독일군 장교 헨리를 아무것도 모르는 말단 장교로 취급하며 자존심을 긁자 헨리는 발끈하며 자신이 특수 훈련을 받은 어뢰 장교임을 증명하기 위해 신식 음성 감지 어뢰의 그림까지 그려주면서 상세하게 어뢰의 작동 원리를 설명했다.

자존심 긁기 기법을 제대로 이해하기 위해서는 공손 이론(politeness theory)에 대한 설명이 필요하다. 앞서 소개한 심리적 반발 이론이 우리의 자유가 위협당할 때 발생하는 심리적 반발을 통해 저항 과정을 설명하는 것과는 달리 공손 이론은 언어학적인 관점에서 저항 현상에 접근한다.

공손 이론에 의하면 대화에 임하는 두 사람은 '인정'이라는 체면 유지 동기를 위해 서로 협조하는 관계에 놓여 있다. 만일 누군가가 드라마 〈시크릿 가든〉에서 남자 주인공이 다른 사람을 무시하며 "그것이 최선입니까?"라고 반복해서 물었듯 "당신은 그 정도밖에 못합니까?"라고 하면서 우리의 능력을 인정하지 않는다면 그는 우리의 체면 유지 동기를 위협한 셈이다. 자존심 긁기 기법은 이러한 체면 유지 동기에 이론적 토대를 두고 있다.

청개구리 기법이 '자율'에 대한 동기를 역이용하듯 자존심 긁기 기법도 '인정'에 대한 체면 유지 동기를 역이용한다. 자존심 긁기 기법에는 크게 두 가지가 있다. 첫 번째 유형은 상대방이 우리의 능력에 도전함으로써 품위가 손상되는 경우다. 상대방이 의도적으로 우리의 품위를 손상시키면 체면을 유지하려는 동기가 활성화되어 우리는 그에게 스스로의 능력을 보여주려고 하게 된다. 널리 알려진 마크 트웨인의 소설 『톰 소여의 모험(The Adventures of Tom Sawyer)』을 보자.

"톰, 너 페인트칠하는 벌을 받았구나."
평소의 톰이라면 분해서 이를 갈았겠지만 그날은 달랐습니다.

"이거? 일이지만 좋아서 하는 거니까 재미있어."

"그렇다면 나도 하게 해줘."

"안 돼. 이곳은 사람들의 눈에 가장 잘 띄는 곳이니까 깨끗이 칠하지 않으면 안 돼. 게다가 이런 일을 능숙하게 할 수 있는 어린이는 나밖에 없어."

"그렇다면 이 사과를 줄 테니까 나도 칠하게 해줘."

이렇게 해서 톰은 계속해서 지나가는 동료들의 보물을 감쪽같이 가로채면서 페인트칠까지 시킨 것입니다. 물론 이것은 사람을 골탕 먹인 톰 소여의 초일류 장난입니다.

트웨인은 이러한 톰의 행동이 초일류 장난이라고 말했지만 현대의 사회과학자들은 톰의 행동이 자존심 긁기 기법에 해당된다고 말할 것이다. 톰은 친구 벤의 능력을 의도적으로 평가 절하해 그의 능력 인정에 대한 체면 유지 동기를 공격한다. 그러자 벤은 자신의 능력을 인정받기 위해 톰에게 사과를 주면서까지 페인트칠을 하게 해달라고 간청한다.

이처럼 우리의 능력에 대한 자존심 긁기 기법은 주위에서 어렵지 않게 볼 수 있다. TV 프로그램에서 그러한 사례를 찾아보자. 〈아빠 어디가〉라는 프로그램에서 방송인 김성주는 아들 민율이의 편식을 막기 위해 자존심 긁기 기법을 사용한다.

"너 김치찌개 매워서 못 먹잖아?" "매우면 먹지 마." "너도 김치 먹을 수 있어? 이거 매운데?" 하는 식으로 민율이의 자존심을 건드린다. 그러자 민율이는 자존심이 상하고, 체면을 유지하려는 동기가 발생해 자발적으로 김치를 먹겠다고 한다.

매운 것을 억지로 먹게 만드는 데는 자존심 긁기 기법이 최선인가 보다. 매운 라면이 생소하던 중국 라면 시장에 첫발을 내디딘 농심이 실시한 신라면 광고 역시 자존심 긁기 기법을 사용하고 있으니까 말이다. 광고는 중국에서 마초 이미지를 가진 배우를 모델로 내세워 다소 고통스러워 보일 정도로 매

자존심 긁기 기법을 사용한 매운 신라면 중국 광고

위하는 모습을 보여준 다음 "매운 라면을 먹을 수 없다면 사나이가 아니다"라는 카피로 끝을 맺는다. 앞으로 중국 소비자들은 사나이로 인정받기 위해 땀을 뻘뻘 흘리면서도 신라면을 열심히 먹어야 할 것이다.

소비자의 능력을 공격하는 자존심 긁기 기법은 주로 백화점 매장에서 사용된다. 내 강의를 듣는 한 여학생이 그러한 경험을 생생하게 전해줬다.

> 지난겨울, 어머니와 함께 백화점에 정장 코트를 사러 갔습니다. 어머니와 저는 편한 옷차림으로 정장을 파는 매장에 들어갔는데 점원은 비교적 저렴한 옷들만 보여주고 고급스러운 옷은 추천하지 않았습니다. 제가 비싼 옷들을 가리키자 점원이 "아 손님. 그 옷들은 가격이 비싼 편이라서 부담스러우실 겁니다"라며 저와 어머니의 자존심을 긁었습니다. 어머니는 그 옷을 보여달라고 했고 결국 사주셨습니다. 이제 와서 생각해보니 백화점 점원은 저와 어머니의 자존심을 긁는 역심리학을 효과적으로 이용한 것이었습니다.

결혼을 앞둔 예비신랑의 자존심 역시 교활한 마케터들의 손쉬운 먹잇감이 된다. 드레스 가게까지 동행한 웨딩플래너는 예비 신랑 A에게 "이 신부 드레스는 블랙라벨이라 80만 원의 추가요금이 든다"라고 말한다. 계약 당시에는 없었던 얘기다. A가 항의하자 이 플래너는 "다른 예비 신랑들은 별말 없이 신부에게 이 드레스를 해준다"라고 대답한다. 자존심을 공격당한 예비 신랑 A는 순순히 추가 요금을 내고 계약을 한다. 80만 원은 작은 돈이 아니지만 예비 신부 앞에서 자존심을 지키기 위해서는 어쩔 수 없는 선택이었을 것이다.

자존심 긁기 기법의 두 번째 유형은 상대방이 우리를 특정 집단의 일원으로 인정해주기를 바라는 집단 소속 동기를 공격해 우리의 품위를 손상시키는 경우다. 이 전략을 사용한 한 광고의 사례를 살펴보자.

수년 전 롯데백화점에 진출한 프랑스 패션 브랜드 에마누엘 웅가로는 자존심 긁기 기법을 사용해 광고를 실시했다. 에마누엘 웅가로의 원피스 한 벌 값은 보통 사람의 한 달 치 봉급을 상회해 일반인에게는 그림의 떡이었고 그것을 살 수 있는 사람은 부유층으로 한정되어 있었다. 에마누엘 웅가로는 이 점을 강조해 '상류사회의 자존심'이라는 콘셉트로 마케팅을 시작했다. "상류사회의 감각을 지닌 분만 사용해주십시오"라는 광고 카피는 소비자들의 집단 소속감 인정 동기를 확실하게 건드렸다. 스스로 상류사회의 일원이라 생각하고 있던 혹은 상류사회의 일원이 되고자 하는 많은 사람이 몰려들면서 이 캠페인은 큰 성공을 거뒀다.

하지만 과욕은 항상 화를 부르는 법이다. 광고의 대상을 확대해 지하철에도 품위 손상 목적의 광고를 집행한 것은 커다란 전략적 실수였다. 상류사회의 자존심 광고는 복잡한 지하철을 타고 출퇴근하는 사람들에게 인정에 대한 체면 유지 동기보다 훨씬 더 휘발성이 높은 분노라는 감정을 일으켰다. 어떤 사람은 화가 머리끝까지 나서 에마누엘 웅가로 광고를 찢어 광고주에 보냈으며 많은 사람이 광고 중단을 요청했다. 에마누엘 웅가로는 비싼 수업료를 치르며 자존심은 적당히 긁는 수준에서 끝나야지 짓밟으면 사람들이 크게 분노한다는 교훈을 얻었다.

신념과 가치는
만인의 아킬레스건이다

4

많은 단어로 적게 말하지 말고 적은 단어로 많은 것을 말하라.

유대인의 삶의 지혜서 『탈무드(Talmud)』에 나오는 말이다. 적은 단어로 많은 것을 말하는 방법 중 하나는 가치에 대한 언어를 지혜롭게 사용하는 것이다. 가치는 우리의 행동 선택과 이슈 판단에 많은 영향을 끼친다. 2015년 9월 2일, 터키의 한 해변에서 익사체로 발견된 세 살배기 시리아 난민 '아일란 쿠르디'는 전 세계를 울리며 많은 변화를 이끌어냈다. 비극적으로 숨진 쿠르디의 사진은 「인류애가 사라져버렸다」라는 제목을 달고 전 세계로 빠르게 퍼져나갔고 이 사진으로 인해 난민 문제를 놓고 서로에게 책임을 떠넘기며 싸우던 국제사회는 크게 변화했다.

이 사진이 언론에 보도된 지 얼마 지나지 않아 유럽연합(EU)과 독일은 과감하고도 구체적인 난민 수용 계획을 발표했다. 난민 수용이라는 이슈와 관련해 계산기를 두드리며 소극적이던 유럽 국가들이 사람에 대한 연민과 사랑이라는 상위 가치에 직면하자 난민 수용이라는 구체적인 국가 정책을 가치에 비추어 변화를 도모한 것이다.

이처럼 우리 삶에서 중요한 역할을 하는 '가치'라는 개념은 거절당하지 않는 힘을 키우는 목적을 위해서도 매우 중요한 역할을 한다. 설득 전문가들은 경우에 따라서는 태도를 변화시키기 위해 상대방의 가치를 먼저 공격하는 것이 바람직하다고 말한다. 태도라는 개념은 설득의 중심부에 위치한다. 태도 변화는 궁극적으로 행동 변화를 이끌어낸다는 믿음에 따라 수많은 설득 이론들은 사람들의 태도를 변화시키는 다양한 접근법들을 소개한다.

하지만 사람들은 자신의 태도를 쉽게 바꾸지 않는다. 특히 설득 메시지가 요구하는 변화가 기존의 자기 태도와 상충될 때는 더욱 태도 변화를 기대하기 어렵다. 자신의 생각에 반대하는 누군가를 설득해본 경험이 있는 사람은 이런 주장에 금방 공감할 것이다. 그런 경우 상대방의 태도를 변화시키려는 노력 대신에 상대방의 가치를 변화시키는 우회 전략을 선택하는 것이 더 현명하다.

가치는 태도보다 상위 개념에 해당된다. 그런 까닭에 가치가 변화하면 그에 따라 태도는 자동으로 변화한다. 설득 이론은 사람들이 어떤 대상에 대한 태도를 형성하고 유지하는 이유는 자신의 가치를 반영하기 위해서라고 설명한다. 예를 들어 '편안한 삶'이라는 가치를 추구하는 사람은 편안한 삶을 제공해주는 다양한 대상에 대해 긍정적인 태도를 갖고 있다. 그들은 에너지 자원을 풍부하게 제공하는 원자력 발전을 바람직하게 생각할 것이다. 반면에 '가족의 안전'이라는 가치를 더 소중히 여기는 사람들은 원자력 발전의 부작용을 염려해 원자력 발전에 부정적인 태도를 갖게 된다. 이런 관점에서 보면 원자력 발전에 반대하는 사람들이 원자력 발전이라는 대상 자체보다는 가족의 안전이나 환경보호라는 가치에 우선적으로 소구하는 것도 이해가 된다.

실제로 신고리 원전 5·6호기 건설 공사 재개 여부를 결정하기 위한 공론화위원회 시민참여단 합숙 토론에서 공사 중단을 주장했던 측이 그러한 전략을 채택했던 것으로 보인다. 공론화위원회 시민참여단의 일원이었던 송호열 전 서원대 총장은 한 신문과의 인터뷰에서 다음과 같이 말했다.

> 개인적 의견이지만 건설 재개 쪽은 구체적 숫자를 제시하며
> 접근한 반면에 중단 측은 감성적 접근에 치중했다. 양쪽의 차
> 이가 확연했다. 프레젠테이션 화면 내용이나 전달 방식이 완
> 전히 달랐다. 건설 중단 측이 쓴 표현 중에 '(원전이) 폭발한다.
> 구멍이 뚫렸다. 가족이 암이 걸렸다'라는 문구가 기억에 남는
> 다. 아름다운 환경이 파괴된다든지 가족을 잃었다든지 하는
> 식으로 감정에 호소하는 접근을 했다.

태도 변화를 위해 가치 변화를 시도하는 간접적인 접근 전
략은 특히 그러한 태도가 논쟁의 여지가 많아 직접적으로 태
도 변화를 시도하면 적지 않은 저항이 예상되는 상황에서 더
욱 유용하다. 여성 흡연과 관련된 사회운동에서 한 예를 살펴
보자. 1920년대에 사람들은 여성들의 흡연을 사회적 금기로
여기고 그에 대해 절대적으로 부정적인 태도를 갖고 있었다.
그런 상황에서 1929년 부활절을 맞아 뉴욕 맨해튼에 모인 여
성들은 공개적으로 담배를 꺼내 물었다. 담배 연기 자욱한 현
장에서 한 여성은 "우리 여성들이 담배에 대한 금기와 모든
차별을 무너뜨리기 위한 첫걸음을 내디뎠기를 희망한다"라는

여성들의 흡연을 사회적 금기로 여기던 20세기 초 흡연하는 미국 여성

성명을 발표했다. 이들 여성해방주의자들은 당시 여성들의 흡연에 대한 부정적인 태도를 변화시키려고 노력하는 대신에 보다 상위 개념인 여성 인권과 차별이라는 가치에 소구했다. 그결과 공개적인 장소에서 흡연하는 여성들이 크게 증가했다.

훌륭한 리더들은 가치와 태도에 대한 이러한 미묘한 관계를 본능적으로 이해하고 있는 것처럼 보인다. 한 기자가 프란치스코 교황에게 까다롭고 미묘한 문제인 동성애에 관한 질문을 하자, 교황은 주저 없이 다음과 같이 대답했다. "동성애자라 하더라도 선한 의지를 갖고 주님을 찾는다면 어떻게 심판할 수 있겠습니까?" 교황은 지혜롭게도 동성애에 대한 태도를 묻는 기자의 질문에 동성애보다 상위 개념인 '구원'이라는 절대 가치의 영역으로 답함으로써 곤경에서 벗어났다. 한 영혼의 구원이라는 상위 가치는 동성애라는 하위 태도를 수용하게 만든다.

2016년에도 교황은 '낙태'라는 오래된 논쟁에 답하기 위해 또 한 번 가치의 언어를 사용했다. 그는 '낙태는 범죄'라는 기존의 교리는 그대로 유지하면서도 "진심으로 회개할 때 신의 자비로 용서받지 못할 죄악은 없다"라고 말함으로써 논쟁의 소용돌이를 교묘하게 빠져나갔다.

2015년 6월 26일, 미국 연방대법원은 찬성 5, 반대 4로 미국 전역에서 동성 결혼을 합법화했다. 동성 결혼에 찬성하는 측은 동성 커플이 결혼할 경우 발생하는 사회문제 혹은 이들에 대한 인식과 태도를 변화시키는 데 초점을 맞추는 대신에 '평등'이라는 미국에서 가장 중시하는 가치를 집중적으로 부각시켰다. 그 결과 미국은 네덜란드, 호주, 브라질에 이어 동성 결혼을 전국적으로 합법화한 네 번째 나라가 되었다. 이러한 연방대법원의 결정에 대해 버락 오바마 대통령은 트위터를 통해 "오늘 우리는 평등한 세상을 향해 한 걸음 더 나아가게 되었습니다. 게이와 레즈비언 부부들도 다른 보통 사람들처럼 결혼할 수 있는 권리를 얻게 된 것입니다"라면서 미국의 핵심 가치인 평등을 강조했다. 이는 거절의 심리학 관점에서도 시사하는 바가 크다.

꼭 훌륭한 리더가 아니더라도 태도와 가치의 관계를 제대로 이해한다면 설득 과정은 생각보다 순조롭게 진행될 수 있다는 사실을 내 강의를 수강한 한 학생의 이야기가 잘 보여준다.

오랜만에 중학교 친구들을 만나 패스트푸드점에서 햄버거를 먹었다. 한 친구가 자신은 다이어트 중이기 때문에 햄버거를 먹지 않겠다고 했다. 그 친구가 햄버거를 먹도록 설득하기로 마음먹은 나는, 단순히 햄버거를 먹지 않겠다는 태도를 공격하기보다는 그 친구가 지나친 외모지상주의 관점을 가졌다고 공격했다. 다이어트를 통해 어느 정도는 몸매를 유지하는 것이 좋지만 최근의 다이어트 경향은 지나치게 마른 몸을 추구하며 이러한 현상은 여러모로 바람직하지 않다고 주장했다. 결과적으로 햄버거에 대한 태도보다 상위 개념인 외모지상주의적인 가치관을 공격한 내 전략은 성공했고 친구는 편안한 마음으로 함께 햄버거를 먹었다.

미국의 사회심리학자 윌리엄 맥과이어(William McGuire)는 '문화적 공리(cultural truism)'라는 개념을 통해 가치의 언어를 사용해 상대방의 저항에 대처하는 설득 전략의 유용성을 설명한다. 그에 의하면 문화적 공리란 "주어진 문화 안에서 광범위하게 공유되는 신념들을 지칭하며, 이러한 신념들은 이전에 공격당한 적도 없으며 앞으로도 공격이 가능할 것이라고 전혀 예상하지 않는 신념들"을 말한다. 문화적 공리에 해당되는 가치나 신념은 마치 인큐베이터 안의 갓난아이 같은 존재이기에 누군가가 그러한 가치나 신념을 체계적으로 공격하면 아무런 저항을 하지 못한 채 의외로 쉽게 무너질 수 있다.

그렇다면 우리 사회는 어떠한 문화적 공리를 가지고 있을까? 곰곰이 생각해볼 일이다. '등잔 밑이 어둡다'는 속담처럼 만일 자신의 신념이나 가치가 공격당한다면 가장 쉽게 변할 수 있는 취약점이라는 역설적인 사실을 기억하면서 말이다.

매도 먼저
맞는 놈이 낫다?

5

먼저 매를 맞은 만큼 먼저 바꿀 수 있었습니다.

2013년 이른바 '갑질' 논란을 일으켰던 남양유업은 당시 사과 광고를 통해 위와 같이 말했다. 그러나 이 광고는 남양유업의 위기를 진정시키기보다는 오히려 소비자의 분노에 기름을 부었다. 그 이유는 진정성이 느껴지지 않는다는 것이었다. '먼저 매를 맞았다'라는 표현이 대리점을 대상으로 한 갑질이 업계의 관행임에도 불구하고 (재수 없이) 먼저 처벌을 받았다는 부정적인 의미로 해석되었기 때문이다.

거절의 심리학 관점에서 남양유업의 사과 광고는 '먼저 맞은 매가 덜 아프다'라는 우리의 옛 속담 하나를 연상하게 만들었다. 과연 그럴까? 먼저 맞으면 덜 아플까? 남성들은 학창 시절이나 군대시절에 호랑이 선생님이나 고참병에게 한 번쯤 '줄빠따'를 맞은 기억이 있을 것이다. 그때 가장 먼저 맞으면 덜 아플까 아니면 뒷줄에 서서 나중에 맞으면 덜 아플까 열심히 고민했던 순간도 기억날 것이다. 한 네티즌은 블로그를 통해 자신의 선택을 다음과 같이 생생하게 전달하고 있다.

> 구타와 체벌이 거의 공식적인 교육의 일환이던 시절, '안기부'라 불렸던 수학 선생은 이른바 '줄빠따'가 특기였다. 교실 뒤로 불려나와 대열에 선 아이들은 그 서슬 퍼런 인상과 자유자재로 휘두르는 하키 채의 공포에 질리곤 했다. 먼저 맞지 않으려고 서로를 앞세우며 줄 뒤쪽으로 물러났던 기억이 지금도 생생하다. …… 아이들이 대열에서 먼저 나서지 않았던 것은 그날 선생의 컨디션을 모른다는 불확실성 때문이었다. 체벌은 일상이었지만 선생 기분에 따라 강도는 그때그때 달랐다. 그래서 가장 먼저 나서는 친구는 체벌의 고통에다 얼마나 터질지 모른다는 공포까지 온몸으로 감수해야 했다.

사실상 매는 처음에 맞으나 나중에 맞으나 아프기는 매한가지일 것이다. '줄빠따'를 맞을 때 어떤 사람이 먼저 매를 맞을까? 아마도 그 사람은 무리 중에서 가장 용감한 사람일 것이다. 다른 말로 가장 저항심이 강한 사람일 것이다. 설득의 상황에서도 최고 수준의 저항은 항상 최초의 요구에서 나타난다. 거절당하지 않기 위해서는 무엇보다도 최초의 순간에 지혜롭게 대처하는 것이 중요하다. 설득 전문가들이 추천하는, 이른바 저항이 절정에 이를 것이라고 여겨지는 최초의 순간에 유용한 전략을 몇 가지 살펴보자.

사지 않아도 좋으니 구경이나 하세요

첫 번째 방법은 최초의 요구를 최소화하는 전략을 사용하는 것이다. 누구나 자녀가 공부를 잘해 성공적인 삶을 살아갈 수 있기를 바란다. 그러나 공부를 잘하지 못하는 자녀가 갑자기 공부를 잘해 전교 1등이 될 수는 없는 일이다. 공부를 열심히 하지 않는 자녀에게는 일단 공부에 취미를 갖게 만드는 것이 중요하다. 최소한 수업시간에 딴생각하지 않고 집중하게 만드는 것이 중요하다.

숙제를 잘 해가는 것 역시 필요하다. 자녀가 실천에 옮길 수 있는 아주 작은 요구를 해보자. "시작은 미미하나 끝은 창대하리라"라는 표현처럼 아주 작은 시작이 엄청난 기적을 만들 수 있다. 우리 속담에도 '천리 길도 한 걸음부터'라고 하지 않는가?

최초의 요구를 최소화하는 문전걸치기 전략(foot-in-the-door technique)은 이미 증명된 효과적인 설득 방법이다. 내 강의를 듣는 한 학생은 문전걸치기 전략을 자녀교육에 성공적으로 적용한 어머니의 이야기를 들려주었다.

> 나는 깻잎과 당근을 먹지 못했다. 어머니는 이런 내 편식 습관을 고치기 위해 꾀를 냈다. 당근을 잘게 썰어 볶음밥에 넣었고, 깻잎을 조금씩 탕에 넣어 음식을 한 것이다. 조리된 깻잎과 당근은 참기 힘든 정도는 아니었기 때문에 나는 비교적 쉽게 먹을 수 있었다. 내가 깻잎과 당근에 어느 정도 익숙해지자 어머니는 밥상에 생 당근과 깻잎을 내놓았다. 그 결과 나도 모르게 편식 습관이 사라지게 되었는데 이제 생각해보니 어머니가 문전걸치기 기법을 사용한 것 같다.

어머니가 본능적으로 알고 있는 문전걸치기 전략을 설득 전문가인 마케터들이 놓칠 리 없다. 나는 서울 용산 전자상가나

테크노마트, 남대문 시장 혹은 노량진 수산시장처럼 비슷한 물건을 수많은 상인들이 한군데 모여 파는 곳을 지날 때마다 스스로 이런 질문을 한다. '상인들은 자신의 가게 앞을 지나가는 잠재 고객들에게 어떤 말을 건네 유인할까?'

과학적인 관찰 결과에 따르면 이런 경우 상인들이 가장 빈번하게 사용하는 방법 중 하나는 "선생님, 뭐 찾으세요? 사지 않아도 좋으니 구경이나 하고 가세요"라고 말하는 것이다. 여기서 중요한 점은 '사지 않아도 좋다'라는 말로 일단 잠재 고객의 저항 심리를 완화시켜 발걸음을 멈추게 하는 것이다. 사람의 심리는 참 묘한 것이어서 비록 물건을 사러 가게에 갔더라도 물건을 파는 사람이 너무 적극적이면 그러한 시도에 저항하는 경향이 있다. 이런 이유로 노련한 상인들은 "손님, 우리 물건이 최고입니다"라고 말하기보다는 "사지 않아도 좋으니 구경이나 하세요"라고 말한다. 다시 말해 문전에만 걸치는 것이 잠재 고객을 가게로 유인하는 데 더 효과적이라는 사실을 그들은 오랜 경험과 직관을 통해 이미 알고 있는 것이다.

이런 문전걸치기 전략을 사용하면 판매가 늘어날까? 두 명의 텔레마케팅 설득 전문가의 인터뷰에서 답을 찾을 수 있다. 교보 악사 자동차보험의 이지영과 현대 하이카 다이렉트 자동차보험의 황은경은 2008년 1년간 납입 보험료 기준으로 각각

10억 원, 18억 원의 실적을 올려 당시 다이렉트 자동차보험 업계 1, 2위였던 두 회사의 보험왕으로 뽑혔다. 낯선 고객을 상대로 얼굴도 보지 않고 오로지 '말'에만 의존해 10억 원대의 매출을 올린 '설득의 여왕'의 비밀 노하우 중 하나는 다름 아닌 문전걸치기 전략이었다.

이들은 인터뷰에서 어려운 요구는 최대한 늦추는 것이 좋다고 말했다. 우선 가격이 낮은 상품을 제시해 고객의 가입 의사를 확인받은 다음 "5000원만 더 내면 2억 원까지 보상받을 수 있어요"라고 말하면 대부분의 고객이 거절하지 않고 동의한다는 것이다. 자신이 원하는 것을 처음부터 다 요구하지 않고 최소한도의 수준에서 시작하는 인내심은 결국 미미한 시작을 창대한 끝으로 꽃피우게 만든다.

동전 한 푼이라도 도와주세요

•

두 번째 전략인 기부금 모금 운동에서 주로 사용되는 '동전 한 푼이라도 도와주세요 전략(even-a-penny-will-help tech-nique)' 역시 최초의 저항을 최소화하는 전략이다. 로버트 치알디니 교수팀에 의하면 이 전략을 사용하면 평상시보다 두 배 가까이 높은 성과를 거둘 수 있다. 모금원들은 미국 애리조나 주의 각 가정을 돌며 미국암협회를 위한 성금을 모집했다. 평소처럼 "미국 암협회를 위해 기부해주세요"라고 말했을 때는 전체 가구의 29퍼센트가 기부에 참여했으나 "미국암협회를 위해 기부해주세요. 동전 한 푼이라는 도움이 됩니다"라고 했을 때는 50퍼센트의 가구가 지갑을 열었다.

그렇다고 이들이 정말 동전 한 푼만 기부한 것은 아니었다. 두 조건의 평균 기부금 액수는 거의 동일했다. 이러한 결과를 저항의 관점에서 해석하면 아주 작은 기부인 '동전 한 푼이라도' 환영한다는 요청에 사람들은 기부를 거부하는 핑계를 찾기 힘들었을 것이다. 게다가 이 전략은 구체적으로 동전 한 푼이라는 극히 작은 액수를 언급함으로써 얼마를 기부해야 하나 하는 사람들의 고민을 해결해준다. 그들이 마음속으로 생각하는 어떤 기부금 액수도 동전 한 푼보다는 클 것이기 때문이다.

유니세프의 동전 모으기 캠페인 성공 사례 역시 비슷한 관점에서 해석된다. 아시아나항공이 추진한 유니세프 기금 '사랑의 동전 모으기' 행사 모금액이 20년 만에 100억 원을 돌파했다. 아시아나항공은 1994년부터 국내에서 사장되기 쉬운 외국 동전을 모아 어려운 환경에 처한 전 세계의 아이들을 돕자는 취지에서 유니세프와 공동으로 이 캠페인을 진행해왔다.

모금 첫해인 1994년 약 1억 6000만 원이 모금된 이래로 2010년 50억을 돌파했으며 2014년 누적 모금액이 100억 원을 돌파했고 2017년 6월 현재 약 121억 원이 적립되었다.

100억 원이라는 액수는 동전만으로 이뤄진 것은 결코 아니었다. 일례로 익명의 50대 승객은 사업차 아시아나항공에 탑승할 때마다 "비즈니스석 대신에 일반석을 이용하고 차액을 기부하겠다"라고 하면서 매번 100만 원 이상의 금액을 2007년부터 45회 이상 기부하는가 하면 한 번에 1만 달러를 기부하는 승객도 있다고 한다. 사람들이 동전이라는 작은 요구에 훨씬 큰 금액으로 응답한 것이다.

동전 모으기라는 작은 시작은 거기서 끝나지 않는다. 2017년

아시아나항공과 유니세프의 '사랑의 동전 모으기' 100억 원 달성 기념식

아시아나항공은 유니세프와 협약을 맺고 향후 해외에서 공동으로 사회공헌활동을 전개하기로 했다. 첫 사업으로 베트남 호치민 지역 아동보육지원 활동을 통해 3만 명 이상의 아이들에게 도움을 줄 예정이다. 작은 동전 모으기 캠페인이 이처럼 커다란 결실을 맺게 될 줄 누가 알았겠는가? 그저 놀라울 따름이다.

한 번에 하나씩 요구하기

●

세 번째 방법은 자신의 요구를 작은 단계로 세분화해 한 번에 하나씩 요구하는 것이다. 정신과 의사 문요한은 『굿바이 게으름』이란 책에서 우리의 뇌는 덩어리가 크면 일단 두려워하거나 거부감을 느끼기 때문에 목표를 단계별로 나눠 한 걸음씩 나아가야 한다고 말한다. 그는 뜨거운 물이 가득 담긴 욕조에 아이를 데리고 들어가기 위해서는 일단 발부터 담가야 한다면서 목표를 잘게 쪼개는 '한 걸음 한 걸음 전략(one-step-one-step technique)'의 효용성을 역설한다.

미국의 사회심리학자 스탠리 밀그램(Stanley Milgram)이 발표한 믿을 수 없는 실험 결과도 이러한 방법론에 기인한 것으로 보인다. 밀그램은 권위에 대한 복종 실험을 진행했다. 그는 실험에 참가한 사람들을 두 사람씩 짝지어 각각 학습자와 선생의 역할을 맡긴 다음, 학습자의 역할을 맡은 참가자가 틀린 답을 말하면 선생 역할을 맡은 참가자가 전기 충격을 가하는 것으로 징계하도록 했다. 최초의 전기 충격 강도는 15볼트에 불과했지만 학습자가 틀린 답을 말할 때마다 15볼트씩 높아져 최고 450볼트까지 충격을 가하게 된다.

당신이라면 이러한 상황에서 동료 참가자에게 450볼트의 전기 충격을 가하겠는가? 그러지는 않을 것이다. 심리치료사들을 대상으로 한 조사에서도 이러한 상황에서 최고 수준의 전기 충격을 동료 참가자에게 가할 사람은 아마도 1000명에 한 명 정도에 불과할 것이라고 예상했다. 그러나 실험 결과는 전혀 달랐다. 연구자의 요구에 따라 동료 참가자에게 450볼트의 전기 충격을 가한 사람의 비율은 무려 전체의 3분의 2에 달했다. 밀그램은 이러한 결과를 권위에 대한 무조건적 복종의 관점에서 해석하고 있지만 여기서는 저항의 관점에서 재해석해보자.

밀그램이 실험에 참가한 사람들에게 처음부터 450볼트의 전기 충격을 가하라고 지시했다면 사람들은 당연히 거절했을 것이다. 그러나 그는 절대 그렇게 말하지 않았다. 대신에 "이 학습자는 또 한 번 실수를 했습니다. 그에게는 지난번보다 15볼트 더 강한 충격이 필요합니다"라고 말했다. 전체를 부분으로 나누면 전체는 그 의미가 퇴색된다. 450볼트 강도의 전기 충격에는 거의 모든 사람이 강하게 반발하지만 이전보다 15볼트 강한 전기 충격은 저항을 무력화시켜 결국 전체의 3분의 2에 달하는 사람들로 하여금 450볼트의 전기 충격을 가하게 만들었다.

19대 국회의원 보궐 선거에서 전통적인 야당의 텃밭에서 당선되어 이변의 주인공이 되었던 새누리당 이정현 의원의 선거 전략도 비슷한 관점에서 해석할 수 있다. 이정현 의원은 1988년 국회의원 소선구제 도입 이후 26년 만에 처음으로 광주 전남 지역에서 당선된 새누리당 후보라는 기록을 세웠다. 선거 초반 10퍼센트포인트 이상 뒤지던 지지율 열세를 극복하고 그가 당선된 원인은 다양할 것이다. 그중 하나는 남은 임기 1년 8개월만 자신을 믿고 써보고 마음에 들지 않으면 버리라는 말로 유권자들의 저항을 약화시킨 전략에서 찾을 수 있다.

전통적인 야당 지지자들이 갑자기 여권 후보에게 표를 주기란 쉽지 않았을 것이다. 이 의원은 그러한 심리를 직접적으로 공격했다. 그의 요구는 자신을 계속 이 지역의 국회의원으로 뽑아달라는 것이 아니었다. 여당 후보를 무기한 지지해달라는 요청 대신에 1년 8개월이라는 짧은 기간 동안만 기회를 달라고 호소했다. 게다가 마음에 들지 않으면 얼마든지 버려도 좋다고 하니 유권자들은 큰 부담 없이 여당 후보에게 지지표를 던졌을 것이다. 1년 8개월 후에도 그를 평가할 또 한 번의 기회가 있다는 생각으로 말이다.

하지만 최초의 저항을 성공적으로 극복한 이 의원은 20대 국회의원 선거에서는 별 저항 없이 여유 있게 당선되었으며 나중에는 새누리당 최초로 호남권 출신 대표의 자리에까지 오르게 된다. 이는 여당 후보 지원이라는 커다란 요구를 1년 8개월짜리 지원이라는 작은 단계로 쪼갤 줄 알았던 선거 전략 덕분이다.

폭음, 폭식, 도박이
밤에 일어나는 이유

6

거짓말은 처음에는 부정되고
그다음에는 의심받지만
되풀이하면 결국 모든 사람이 믿게 된다.

독일의 독재자 히틀러의 선전부 장관이었던 요제프 괴벨스의 말이다. 우리 속담에도 '열 번 찍어 안 넘어가는 나무 없다'라는 말이 있다. 거짓말도 반복하면 믿게 되고, 열 번 찍으면 모든 나무를 넘어뜨릴 수 있을까? 거절의 심리학 이론은 그렇다고 말한다.

반드시 성사시켜야 하는 매우 중요한 협상 제안이 있다고 하자. 이 경우 상대방과 만나 협상 제안을 논의하기에 가장 좋은 시간은 하루 중 언제일까? 거절의 심리학 연구는 상대방을 설득하기에 최적의 시간은 밤이라고 말한다. 다른 말로 하면 밤이 저항이 가장 약해지는 시간이라는 것이다. 왜 그럴까?

설득에 대한 저항은 자동적으로 이뤄지지 않는다. 누군가의 협상 제안을 거절하기 위한 반론제기나 새로운 제3의 협상안을 만들어내는 인지적 활동에는 막대한 양의 에너지가 요구된다. 에너지는 본질적으로 유한한 존재다. 그렇다면 우리가 가진 에너지를 모두 소모해버린 다음에도 우리는 외부의 설득 시도에 적절히 저항할 수 있을까? 질문에 대한 답을 위해 몇 가지 실제 현상을 살펴보자.

요즘 유행하는 신조어 중의 하나인 '시발비용'도 에너지 소비 관점에서 해석된다. 시발비용은 비속어인 '시발'과 '비용'을 합친 단어로 스트레스를 받아 지출하게 된 비용을 뜻하는 신조어다. 홧김에 치킨 시키기, 평소라면 대중교통을 이용했을 텐데 짜증나서 택시 타기, 길거리 인형 뽑기 기계에 뽑힐 때까지 돈을 넣는 행동은 모두 스트레스로 에너지가 바닥난 뒤 자신을 통제하지 못하고 충동적인 행동을 함으로써 발생하는 비용들이다. 이를 통해 에너지가 소모되면 저항이 힘들다는 사실을 쉽게 알 수 있다. 영악한 마케터들은 우리의 에너지가 고갈되어 저항력이 바닥이 되는 상황을 놓치지 않는다.

추석 연휴 마지막 날인 10일 오후 3시 20분쯤 서울 소공동 롯데백화점 본점 정문 앞 도로는 백화점으로 진입하려는 차량들로 극심한 혼잡을 빚었다. 주차관리 요원이 들고 있는 팻말에는 "만차. 주차 예상 소요시간 30~50분"이라고 적혀 있었다. 인근 신세계백화점 본점 주변 도로도 차량으로 꽉 차 있었다.

추석 연휴 마지막 날 풍경을 담은 신문 기사의 일부분이다. 추석 대목이 지나면 유통 업계 매출이 주춤하는 것이 상식이지만 오히려 백화점이 붐비는 이유는 무엇일까? 매년 추석 연휴가 끝나갈 무렵에 백화점들이 주부들을 위한 특별기획전을 열기 때문이다. 백화점들은 이때가 명절에 집안일로 스트레스를 받은 주부 고객들이 스스로에 대한 보상 차원에서 아무런 저항 없이 지갑을 여는 시기라는 사실을 잘 알고 있다.

실제로 추석 연휴 직후 주부들의 보상 소비는 일종의 정기적인 현상으로 자리 잡고 있다. 한 조사에 의하면 "최근 3년간 추석 명절 이후 전체 매출에서 40대에서 50대 여성 고객이 차지한 비중은 72퍼센트에 달했다." 백화점의 매출 역시 평일에 비해 매우 높은 수준으로 집계되었다. GS홈쇼핑은 추석 연휴 직후 일주일간 중년 여성들이 주로 사는 패션 의류, 화장품, 귀금속 등의 주문 금액이 평일에 비해 13퍼센트 늘었다고 발표했다.

불타는 금요일 이벤트
엠틱과 함께하는 불금 이벤트

위의 카피들은 금요일에 등장하는 이벤트 광고에서 자주 볼 수 있다. 힘든 일주일을 마치고 난 금요일에는 체력적으로 그리고 정신적으로 에너지가 고갈된 상태라 자기통제력이 떨어진다. 이 틈을 타서 다양한 업체들이 불금 이벤트를 열어 사람들의 소비를 유도한다.

소비자 행동 조사 결과에 의하면 모바일 마켓의 경우 접속률과 구매율이 가장 높은 집단은 30대 여성이다. 이러한 자료를 바탕으로 모바일 마케팅 업체들은 30대 여성들의 생활 습관 패턴을 분석했고 그 결과에 따라 그들의 출퇴근시간, 점심시간 그리고 퇴근부터 취침 직전인 오후 7시부터 11시 사이에 집중적으로 할인 행사를 한다. 실제로 온라인으로 매장을 지정해 물건을 구매하고 약속한 시간에 매장으로 가서 찾아오는 서비스 '스마트픽'을 제공하는 롯데 스마트픽에 의하면 전체 구매 건수에서 금요일, 퇴근시간, 30대 여성 직장인들이 72퍼센트를 차지한다.

> 수험생 행복 이벤트
>
> 수험생 여러분, 고생 많으셨어요.
>
> 뷰티넷에서 준비한 특별한 할인 쿠폰으로
>
> 수험 스트레스에서 벗어나세요.

고등학교 3년간 대부분의 시간을 유혹을 참으며 공부만 한 수험생들은 수능이 끝나자마자 자기보상을 위한 욕구를 발산

수험생들의 소비 심리를 부추기는 수능 마케팅

한다. 이러한 심리를 마케팅에 이용하기 위해 수능 다음 날에는 다양한 업체들이 수험표 할인 이벤트를 마련해 수험생들의 소비 심리를 부추긴다.

이러한 마케팅 현상을 좀 더 체계적으로 설명하기 위해서는 미국의 심리학자 마크 무라벤(Mark Muraven)과 로이 바우마이스터(Roy Baumeister)[5]가 고안한 자아고갈 이론(ego depletion theory)이 유용할 것이다. 자아고갈 이론은 유혹을 이겨내기 위한 자기통제력과 관련된 에너지 이론이지만 설득에 대한 저항 역시 에너지를 필요로 한다는 점에서 이 이론은 유용하다.

자아고갈 이론은 에너지의 관점에서 우리의 행동을 설명한다. 우리가 어떤 행동을 하면 당연히 에너지가 소모된다. 그러나 이 이론에 의하면 행동을 하지 않으려는 노력 역시 에너지를 요구한다. 다이어트를 위해 식이요법 중인 사람들에게 물어보라. 그들은 음식을 먹지 않고 참는 것이 음식을 먹을 때보다 훨씬 더 큰 정신적 에너지를 요한다고 답할 것이다. 유혹을 참는 데 필요한 자기통제력이 엄청난 양의 에너지를 소모하기 때문이다.

자기통제에는 상당한 양의 에너지가 필요하다는 사실은 기존 연구를 통해 잘 알려져 있다. 2007년 플로리다주립대학의 연구 결과는 자기통제가 얼마나 많은 에너지를 소모하게 하는지 분명하게 보여준다. 이 실험에서 연구자들은 사람들에게 화면 한쪽에 글자가 나타났다가 사라지는 비디오를 보여주었다. 피실험자들 중 일부는 이 글자를 무시하고 영상에만 집중하라는 지시를 받았는데 비디오를 보는 동안 이 사람들의 혈당이 급격하게 떨어졌다. 반면에 글자를 무시하라는 지시를 받지 않은 사람들의 혈당은 거의 떨어지지 않았다. 이처럼 글자를 무시하려는 간단한 자기통제를 하는 데만도 많은 에너지가 소모되는 것이다.

자아고갈 이론은 우리의 한정된 에너지를 어떤 사람에게 집중시켜야 하는지 분명하게 알려준다. 만일 당신이 마주하고 있는 사람이 이미 에너지가 고갈된 상태라면 보다 적극적으로 상담에 임해야 한다. 에너지가 고갈되면 저항이 약화되기 때문이다. 반면에 상대의 에너지가 아직 높은 상태라면 자신의 에너지를 쓸데없는 데 소모하지 말아야 한다. 내 강의를 들은 한 학생의 경험담은 에너시가 고갈된 다음에는 어떠한 현상이 벌어지는지 잘 보여준다.

헬스장에서 아르바이트를 시작한 지 다섯 달째다. 나는 안내를 맡고 있는데 상담하러 오는 고객들을 설득해 등록하게 만드는 방법을 배우고 있다. 고객들을 설득하는 방법은 여러 가지가 있지만 그중 가장 손쉬운 고객은 이곳저곳 다른 헬스장을 많이 다녀온 고객들이다. 보통 다른 곳을 둘러보고 온 고객들은 많이 지쳐 있는 상태로, 우리 헬스장이 다른 헬스장과 별반 다르지 않음에도 우리 헬스장에 등록을 하는 경우가 많다. 가격이나 시설 차이가 많이 난다면 다른 헬스장으로 가겠지만 그렇지 않으면 마지막에 방문한 헬스장에 등록을 하는 것이다. 이와는 반대로 우리 헬스장을 첫 번째로 방문한 고객들 중 다른 헬스장을 둘러보고 온다고 한 사람들은 십중팔구 다시 돌아오지 않았다.

마찬가지로 노련한 프로야구 투수는 모든 타자에게 전력투구하지 않는다. 상대 팀의 중심 타선 선수들에게는 강속구를 힘차게 던져야 하지만 하위 타선 선수들과 맞서서는 범타로 잡기에 충분한 정도의 에너지만 사용해야 오래 던질 수 있기 때문이다. 모든 공을 온 힘을 다해 던져서는 오래 버티기 힘들다. 평소에는 슬렁슬렁 공을 던지다가 주자가 나가면 그때부터 전력투구해 위기에서 벗어나는 기아 타이거즈의 핵터 노에시가 2017년 프로야구 다승왕에 올랐을 뿐만 아니라 유일한 200 이닝 투구 투수가 된 것은 시사하는 바가 크다.

2013년 방한한 바우마이스터는 한 신문과의 인터뷰에서 "우리의 의지력 혹은 자기통제력은 한정돼 있기 때문에 우리는 자신에게 중요한 목표를 달성하기 위해 이 능력을 항상 아껴 써야 한다"라고 강조했다.

자아고갈 이론은 자기통제를 위한 반복적인 훈련을 하면 마치 근력 운동을 통해 근육량을 늘릴 수 있듯 에너지 자원의 용량을 확장시킬 수 있다고 주장한다. 자기통제력의 근육량이 늘어나면 그만큼 에너지 고갈 현상도 더디게 나타날 것이고 그에 비례해 외부의 설득 시도에 대한 저항 능력도 향상될 것으로 기대된다. 바우마이스터는 앞에서 소개한 신문 인터뷰에서 자기통제력을 키우는 세 가지 구체적인 방법을 제시하는데 이 방법들은 설득에 대한 저항 능력을 향상시키는 데도 역시 도움이 된다.

첫째, 그는 아침 식사를 거르지 말고 든든히 먹으라고 조언한다. 우리가 먹는 음식은 자기통제력과 밀접한 관계가 있기 때문이다. 자기통제력을 발휘할 때는 포도당이 많이 사용되므로 현미, 채소나 견과류 등과 같이 천천히 흡수되는 음식을 섭취하는 것이 바람직하다. 빵이나 패스트푸드 같은 혈당 지수가 높은 음식을 많이 섭취하면 자기통제력의 주기가 짧아져 저녁 시간이 되면 현저하게 저항력이 약화될 수 있다. 최근 미국의 한 대학 연구팀이 발표한 "사람은 아침보다 오후에 거짓말이나 비윤리적인 행동을 더 많이 한다"라는 재미있는 연구 결과는 그러한 일이 실제로 발생할 가능성이 매우 높음을 시사한다.

하버드대학과 유타대학 공동 연구팀은 2014년 '아침 도덕 효과'라는 현상에 대한 연구 결과를 발표했다. 연구팀은 327명의 남녀 피실험자에게 수학 문제를 풀게 하고, 정답을 맞히면 일정한 금액을 보상으로 제시한 뒤 스스로 채점하도록 했다. 그 결과 피실험자가 오후에 "문제를 맞혔다"라고 거짓말을 한 비율이 오전보다 20퍼센트에서 50퍼센트까지 높았다. 연구팀은 피실험자들에게 컴퓨터 스크린에 보이는 점의 개수를 말하게 하고 그 숫자에 따라 보상을 제공하는 또 다른 미션도 수행하게 했는데, 역시 오후에 거짓말을 한 사람의 수가 오전보다 2.5배나 많았다.

연구팀은 이 같은 특징을 '아침 도덕 효과'라고 정의하면서 인간의 도덕성은 하루 중 시간에 따라 달라진다고 주장했다. 연구팀은 이러한 결과를 신체의 에너지와 관련지어 설명한다. 즉 사람들은 시간이 가면 갈수록 에너지가 감소해 유혹에 대한 저항도 떨어진다는 것이다. 따라서 아침 식사를 거르거나 적절하지 않은 음식을 섭취하면 유혹을 이겨내는 저항력이 원

천봉쇄될 수 있다. 유혹에 넘어가 남에게 쉽게 설득당하고 싶지 않다면 가장 먼저 식생활 습관부터 개선해야 할 것이다.

둘째, 바우마이스터는 수면의 중요성을 강조한다. 그의 설명에 의하면 수면 부족은 포도당 활성화 과정을 방해하고 단기적으로 자기통제력을 잃게 만든다. 의지력을 최대한 발휘하고 싶다면 충분한 수면 시간부터 확보해야 한다. 이 점에 착안해 교활한 마케터들은 우리가 피곤한 시간에 집중 공략한다. 하루 일과가 끝나가는 시점은 여러 가지 활동으로 인해 우리의 에너지가 바닥나 있을 때다. 이러한 시간에는 유혹을 이겨내는 자기통제력을 발휘하기가 여의치 않다. 폭음, 도박, 폭식 등이 모두 밤 시간에 발생하는 것도 우연의 일치는 아닐 것이다. 밤에는 가급적 아무런 결정도 하지 말아야 한다. 밤 시간은 오롯이 휴식과 수면을 위해 사용해야 한다. 수면이 부족한 상태에서는 충분히 잠을 잤을 때보다 구매 품목이 18퍼센트나 더 많았다는 2013년 스웨덴 웁살라대학 연구팀의 실험 결과도 눈여겨봐야 할 것이다.

마지막으로 바우마이스터는 좋은 습관을 구축하는 것이 저항력 향상에도 도움이 된다고 말한다. 식탁에서 올바른 자세 갖기, 매일 정해진 시간에 운동하기, 날마다 일기 쓰기 등 좋은 습관이라면 어떤 것이라도 상관없다. 한 분야에서의 자기통제

훈련이 삶의 모든 부분에서 의지력을 향상시키는 효과가 있음을 자아고갈 이론은 증명한다. 설득 연구자들도 자기통제의 경험이 반복되면 사람들이 설득 시도에 더 효과적으로 저항할 수 있다고 말한다.

이야기로 들려주어야
마음이 움직인다

7

한 명의 죽음은 비극이지만 100만 명의 죽음은 통계다.

소련의 독재자 스탈린의 말이다. 한 명의 죽음에 대한 비극적 드라마와 100만 명의 죽음에 대한 통계 수치 중 사람들에게 더 큰 영향을 미치는 것은 어느 쪽일까? 정답은 스토리텔링 효과에 대한 최근의 연구 결과에서 찾을 수 있다.

인류 역사상 가장 오래되고도 막강한 영향력을 지닌 도구는 스토리텔링이라는 사실을 우리는 어렵지 않게 알 수 있다. 인류가 공식적으로 언어를 구사하기 훨씬 전인 기원전 1만 5000년 전부터 인류는 동굴벽화를 통해 사냥과 동물에 관한 스토리를 기록한 사실에 비춰보면 스토리텔링의 역사는 곧 인류의 역사라고 해도 과언이 아니다. 인류 역사상 가장 오래된 책 중 하나인 성경은 예수가 즐겨 우화라는 스토리텔링 형식을 통해 종교적인 가르침을 주었음을 잘 보여준다.

스토리텔링의 설득 효과는 사람들이 스토리텔링에는 별반 저항하지 않는다는 사실에 기초한다. 사람들이 스토리텔링의 설득 시도에 저항하지 않는 이유는 무엇일까? 정답을 찾기 위해 미국의 정신과 의사이자 심리학자인 밀턴 에릭슨(Milton Erickson)에 관한 이야기를 살펴보자.

에릭슨은 종종 치료에 저항하는 환자들을 위해 일종의 치료용 우화와 같은 스토리를 만들었다. 그가 전하는 스토리는 대부분 외부 사람이나 혹은 사건에 대한 것이었다. 환자와 만나면 "내가 한때 알고 있던 어떤 사람은……"이라는 식으로 말문을 연 것이다. 하지만 스토리의 내용과 결말은 환자의 상태를 반영하고 환자가 자신의 문제를 해결하는 길을 찾을 수 있도록 고민하게 만들었다. 에릭슨에 의하면 그러한 스토리가 겉으로는 자신에 대한 것이 아니었기 때문에 환자는 크게 저항하지 않고 스토리 속으로 빠져들게 되고 그 결과 우리가 예상할 수 있는 것처럼 성공적인 치료로 연결된다는 것이다.

"사람들은 자선단체에 기부해야 한다"라는 말과 "당신은 자선단체에 기부해야 한다"라는 말 중에서 어느 쪽에 더 크게 저항할까? 물론 후자일 것이다. 에릭슨은 심리치료사의 처방에 저항하는 환자의 심리를 제대로 꿰뚫어봤다. 치료 과정에서 저항의 주체인 '자아(self)'는 제거하면서도 핵심 메시지는 보존하는 훌륭한 스토리텔링 치료법을 생각해낸 것이다.

'이보다 더 객관적일 수는 없다'라고 스스로 대견해하면서 자신이 만들어낸 최선의 설득 메시지를 상대방에게 전달해본 적이 있는가? 그런데 정성 들여 준비한 설득 메시지가 상대방에게 전혀 받아들여지지 않았던 경험이 있는가? 아마도 십중팔구 그런 경험을 해봤을 것이다. 바로 이 시점이 '스토리'가 등장해야 할 가장 훌륭한 타이밍이다. 스토리텔링 설득에 관한 탁월한 연구자인 마이클 슬레이터(Michael Slater) 오하이오 주립대학 교수는 "설득 메시지의 주장에 추호도 동의하지 않겠다고 결심한 사람들의 신념을 바꿀 수 있는 유일한 방법은 스토리 형식을 사용하는 것"이라고 말한다.

당신이 설득하기를 원하는 상대방은 자신의 입장을 철저하게 고수하려고 하고, 더 나아가 자신의 입장에서 벗어난 주장은 일절 용납하지 않는 사람인 경우가 대부분일 것이다. 이런 사람에게는 에릭슨이 그랬던 것처럼 적절히 준비된 스토리를 들려주어야 한다. 설득에 성공하기 위해서는 훌륭한 스토리텔러가 되어야 한다. 이를 위해서는 상대방을 설득하기에 앞서 자신에게 다음과 같은 질문을 던져야 한다. "오늘 내가 설득해야 할 사람들에게 어떤 이야기를 들려줄 것인가?" 어린 시절에 할머니에게 들었던 옛날이야기를 다시 한 번 곱씹어보는 것도 좋은 방법이다.

설득 전문가들에 의하면 스토리 형식을 통해 전달되는 설득 메시지에 대해 사람들은 스토리 속으로 깊이 빨려드는 감정적 경험을 하게 되고, 또한 스토리 속의 주인공들과 유대관계를 맺게 되면서 설득 메시지에 대한 효과가 발생한다. 스토리텔링의 설득 효과를 발생시키는 두 가지 심리적 과정인 몰입이동(transportation)과 정보원 동일시(source identification) 효과에 대해 보다 자세히 알아보자.

우리는 왜 스토리에 빠져드는가

연구에 의하면 스토리텔링의 설득 효과는 수용자가 스토리 속으로 얼마나 깊숙이 빠져드는가 하는 정도에 따라 결정된다. 버펄로대학의 멜라니 그린(Melanie Green)과 워싱턴대학의 티모시 브록(Timothy Brock)[6]은 이처럼 수용자가 이야기 속으로 빠져드는 현상을 '몰입이동'이라고 칭하면서, 이야기 속의 사건에 수용자의 모든 정신적 체계와 능력이 집중되는 수렴 과정이라고 정의했다. 몰입이동을 통해 수용자의 저항이 감소되는 과정은 세 가지 관점에서 설명할 수 있다.

첫째, 스토리는 수용자의 편향된 정보처리 성향을 방지해 반론제기의 가능성을 낮춰준다. 정보처리 관점에서 커뮤니케이션 현상에 접근하는 윌리엄 맥과이어는 설득 메시지는 노출, 이해, 평가, 수용의 4단계를 거쳐 처리된다고 주장한다. 일단 설득 메시지에 노출된 수용자는 메시지의 내용을 이해하고 자신의 인지 시스템에 접수된 내용을 평가한 후, 그 내용이 긍정적이거나 혹은 그 내용에 대한 적극적인 저항이 없으면 설득 메시지를 받아들인다는 것이다.

전문가들에 의하면 사람들이 정보를 처리하는 과정은 객관성과는 거리가 먼 것으로 나타난다. 첫 번째 단계에서 자신이 동의하지 않는 입장을 주장하는 설득 메시지에 노출되면 사람들은 그 메시지를 무시하거나 혹은 반론을 제기해 정보를 편향적으로 처리하는 경향을 보인다. 그러나 스토리의 서사적 구조는 수용자들에게 전달되는 메시지의 목적이 무엇인지를 파악하기 힘들게 만든다. 복잡하게 전개되는 스토리라인에 빠져들다 보면 수용자들은 이미 편향적 정보처리의 기회를 상실한 채 설득 메시지에 고스란히 노출되어 저항할 기회를 놓치고 만다.

둘째, 메시지의 내용 차원에서도 스토리텔링은 일반적 설득 메시지보다 수용자의 저항을 약화시키는 요소를 갖고 있다. 스토리에는 대부분의 경우 어떤 사람의 인생 경험이 담겨 있다. 그것이 실제 경험이든 소설에 의한 가상 경험이든, 어떤 사람의 삶에 대해 반론을 제기하기는 쉽지 않다. 뿐만 아니라 분명하고도 논리적인 주장으로 설득을 시도하는 메시지에 비해 스토리텔링에 의한 설득 메시지는 스토리에 숨겨져 함축적으로 전달되기 때문에 더욱 반론을 제기하기 어렵다.

셋째, 수용자가 스토리에 빠져들어 몰입이동 상태가 되기까지는 적지 않은 인지적 및 감정적 에너지의 소모가 요구된다. 일단 몰입이동 상태에 빠져버린 수용자에게는 자아고갈 이론이 설명하는 것처럼 반론제기를 위해 더 이상의 에너지를 만들어내는 것이 거의 불가능해진다.

자기를 잃고 스토리 속 인물이 된다

●

스토리텔링은 몰입이동이라는 과정을 통해 설득 메시지에

대한 부정적인 반응을 약화시켜 저항을 극복하게 할 뿐 아니라 정보원 동일시라는 과정을 통해서도 설득 메시지에 대한 저항을 최소화시킨다. 정보원 동일시 현상은 "수용자가 스토리에 등장하는 특정 인물에게 동질성을 느끼거나 그 인물과 사회적 관계를 갖고 있다고 느끼게 되는 과정"을 말한다.[7] 이 과정을 통해 수용자는 자신을 상실하고 스토리 속의 인물로 빠져들게 된다. 노자 전문가인 최진석 서강대 교수는 『인간이 그리는 무늬』라는 책에서 이야기의 힘을 비슷한 관점에서 설명한다.

> 이를테면 거짓말하지 말라는 가르침을 주는 엄밀한 논문을 한 편 읽게 한다고 거짓말쟁이를 고칠 수 있을까요? 그보다는 피노키오 이야기를 한 편 들려주는 게 더 좋겠지요. 이야기로 들려주어야 훨씬 더 설득력이 있습니다. 논문에는 감동이 없지만, 이야기에는 감동이 있습니다. 왜 이야기에는 감동이 있습니까? 이야기에는 '내'가 있기 때문이에요. '내'가 '나'로 존재하면 거기에는 여백이 존재하여 다른 '나'들이 참여할 수 있습니다. 다른 '나'들과 공존할 수 있습니다. 이야기가 감동을 주는 이유는 이야기를 하는 활동 속에는 이야기하는 사람이 '나'로 존재하여, 다른 '나'가 끼어들 수 있는 공간을 준비해두기

때문이지요.

    정보원 동일시 과정을 통해 수용자가 일단 자신을 상실하고 스토리 속으로 들어가게 되면 스토리가 전달하려는 메시지에 대해 반론을 제기할 동기를 잃는 것은 당연한 귀결이다. 자기 자신을 공격하는 것은 분명 즐거운 일이 아닐 것이기 때문이다. 뿐만 아니라 동일시 과정을 통해 스토리의 주인공들과 감정적으로 교감하게 되고, 그들의 생각과 가치관에 인지적으로 동조하면 수용자가 실제로 드라마의 주인공 입장에 부합하는 행동을 실천에 옮길 가능성도 높아진다.

    TV 드라마에 등장하는 악역 배우에 대해 극단적인 악감정을 보여주는 일부 시청자들의 행동을 생각해보자. 드라마 〈왔다! 장보리〉에서 연민정 역을 맡은 배우 이유리에게 드라마 촬영 현장을 지나가던 할머니가 욕설을 퍼부은 것이나, 연기자 이훈이 악역을 맡았다가 식당에서 주걱으로 맞을 뻔한 사례가 그러한 상황에 해당한다. 영화 〈추격자〉에서 연쇄살인범 역할을 맡은 하정우 역시 영화 개봉 뒤에 사람들이 자신을 보고 경찰에 신고하기도 하고 엘리베이터를 같이 타지 않으려 했다고 털어놓았다.

    지금은 TV 드라마 시청률이 20퍼센트를 넘으면 대박이라고 한다. 하지만 1990년대 드라마 〈첫사랑〉〈사랑이 뭐길래〉 〈모래시계〉〈허준〉 등은 모두 60퍼센트 이상의 높은 시청률을 자랑했다. 어떻게 해야 시청자들의 마음을 사로잡아 과거처럼 높은 시청률을 올릴 수 있을까? 그 비결을 내가 『오메가 설득 이론』이라는 책에서 소개했던 2013년 7월부터 9월까지 SBS 에서 방송된 드라마 〈황금의 제국〉의 사례와 연결시켜 생각해 보자. 이 드라마의 스토리라인은 최고 수준이었다. 이 드라마 에 대한 시청자의 댓글을 보자.

> 드라마에 빠져보기는 처음입니다. 이 말밖에는 할 말이 없네 요. 최고의 드라마. 앞으로 이런 드라마가 또 나올는지? 벌써 부터 아쉬워지네요.

하지만 이 드라마의 문제점은 드라마에 대한 몰입이동이 시 청률로 연결되지 않는다는 것이다. 또 다른 시청자 댓글이 이 점을 분명히 보여준다.

> 작가님의 구성과 전개 능력이 돋보이는 수작! 시청률 1위가 아닌 것이 이상하네요.

절대선과 절대악을 찾아볼 수 없는 드라마 〈황금의 제국〉

그 이유가 뭘까? 왜 작품은 분명 우수하고 많은 사람이 몰입이동을 하는데 시청률은 고전을 면치 못하는 것일까? 이 질문에 대한 답 역시 시청자의 댓글에서 찾을 수 있다.

흑백구도가 왜 필요한지 절실히 느끼게 해준 드라마. 그 누구에게도 감정이입을 할 수 없고 이제는 지쳐갑니다. 안 보렵니다. 누가 제국을 가지든 말든 그건 그들의 이야기일 뿐.

당황스럽다. 누구를 응원해야 할지 모르겠다.

〈황금의 제국〉에 등장하는 인물들에게서는 절대선과 절대악을 찾아볼 수 없었다. 권선징악, 인과응보 스타일의 한국 드라마에 익숙한 시청자들은 주인공도 필요에 따라 배신을 밥 먹듯 하고, 악인들도 때로는 따뜻한 인간적인 모습을 보여주는 새로운 스타일의 드라마를 보며 어느 누구에게도 쉽게 마음을 줄 수 없었던 것이다. 그 결과 이 드라마는 10퍼센트 안팎이라는 저조한 시청률을 기록했다.

범죄 추리물처럼 잘 짜인 플롯을 중심으로 전개되는 드라마가 대체적으로 잘생긴 남녀 주인공을 앞세운 멜로드라마보다 시청률이 낮은 이유 역시 전자와 같은 드라마의 빠른 스토리 전개가 시청자들로 하여금 주인공에 대한 정보원 동일시를 방해하기 때문일지도 모른다.

높은 시청률을 원한다면 유난히 정이 많은 우리 시청자들은 자신이 공감하는 주인공과 감정적 교류를 하기 위혜 드라마를 시청한다는 사실을 잊어서는 안 된다. 그렇다면 히트 드라마의 성공 비결은 시청자와 감정적으로 얼마나 깊이 교감할 수 있는 남녀 주인공을 설정하는가 여부에 달려 있을 것이다. 즉 히트 드라마의 성공 비결은 일차적으로 잘 짜인 스토리라는 필요조건과 시청자가 감정이입할 수 있는 남녀 주인공이라는 충분조건을 갖추는 것임을 TV 드라마 제작자는 필히 기억해야 할 것이다.

정보원 동일시 효과는 TV 제작자뿐만 아니라 영화감독에게도 심각한 고민거리임을 영화 〈남한산성〉의 황동혁 감독의 이야기를 통해 알 수 있다. 영화 〈남한산성〉은 병자호란에서 청나라와 맞서 죽기까지 싸우자는 척화파(김상헌), 순간의 치욕을 견뎌 후일을 도모하자는 주화파(최명길) 중 어떤 편도 들지 않는다. 두 사람 모두 사사로운 감정 대신에 나라와 백성을 우선으로 하며 팽팽히 맞서는 인물로 그려진다. 그는 한 신문과의 인터뷰에서 정보원 동일시 효과에 대한 그의 딜레마를 다음과 같이 이야기한 바 있다.

> 보통 영화는 관객을 한 인물에 몰입시키고 목적에 도달하는 과정이다. 하지만 이 영화는 누구의 말이 옳다고 이야기하지 않는다. 묘사와 스케치를 하고 싶었다. 지금 관객들은 그게 새로워서 열광하거나 그게 낯설어서 싫어하는 것 같다. 어느 한 명에게 몰입하고 싶은데 중간 지점에 서 있게 하니까 관객이 목적지에 도착했을 때 낯선 공간에 서 있는 느낌이 있지 않을까 한다.

실제 현실은 우리 관객들이 황 감독의 새로운 시도에 열광하기보다는 싫어한다는 사실을 보여준다. 한 언론인은 「영화 '남한산성'이 실패한 이유」라는 제목의 칼럼에서 그 이유를 다음과 같이 지적한다.

> 369만 명. 〈남한산성〉은 이제 손익분기점(500만 명)마저 넘기기 어려울 만큼 부진하다. 왜 실패했을까? …… 그간 시대상이나 사회적 메시지를 담은 한국 영화가 인기를 끌려면 대략 둘 중 하나는 있어야 했다. 이른바 '국뽕' 애국주의의 촉수를 건드리든지, 아니면 정의로 포장해 공분(公憤)을 일으켜야 했다. 만약 〈남한산성〉이 척화파와 주화파 간의 깊이 있는 사상투쟁을 담지 않고 당시 배곯고 아파하는 민초의 생생한 모습을 최대한 부각하면서 '병자호란은 복잡하지 않아. 썩은 임금과 조정 대신 때문에 치욕을 당한 거야'라는 선명성으로 무장했다면 지금처럼 지리멸렬했을까.

성공적인 스토리텔링의 조건

설득 전문가들은 이러한 스토리텔링의 파워가 리더십의

훌륭한 도구가 될 수 있다는 사실을 발견했다. 특히 하버드 대학의 하워드 가드너(Howard Gardner)는 『체인징 마인드 (Changing Minds)』라는 책에서 사람들의 마음을 효과적으로 변화시키기 위해 리더들은 스토리를 적극적으로 이용해야 한다고 말한다. 그는 대표적인 예로 마거릿 대처 전 영국 수상을 소개한다.

1979년에 53세 나이로 영국 수상 선거에 출마한 대처 당시 하원의원은 "영국은 길을 잃었습니다"라는 매우 간결한 슬로건을 내걸었다. 대처의 분석에 따르면 영국은 한때 전 세계에 걸친 광대한 제국을 건설했고 진취적인 상업정신으로 큰 위세를 떨쳤다. 전쟁으로 얼룩진 1940년대의 암울한 세계사 속에서도 영국은 윈스턴 처칠의 용기 있는 리더십 아래 세계열강 자리를 잃지 않았다. 그러나 전쟁이 연합국의 승리로 끝났음에도 불구하고 영국의 힘과 영향력은 오히려 급속도로 쇠퇴해 이제 영국은 조그만 섬나라에 불과한 2류 국가로 전락했다.

영국은 과거 위대한 국가였지만 지금은 길을 잃었다. 영국을 올바른 길로 되돌려놓을 사람이 누구인지 묻는 대처의 스토리는 영국인들의 마음을 송두리째 뒤흔들어놓았다. 가드너는 이 단순하면서도 강력한 스토리가 결국 그녀를 영국 수상의 자리로 인도했고 그 결과 영국은 과거의 영광을 되찾을 수 있었다고 말한다. 가드너는 리더가 명심해야 하는 성공적인 스토리텔링의 조건을 세 가지로 정리한다.

첫째, 대처 수상의 "영국은 길을 잃었다"라는 표현처럼 스토리는 단순하면서도 이해하기 쉬워야 한다. 스토리가 너무 복잡하면, 다시 말해 한 스토리 안에 너무 많은 메시지들을 담으면 오히려 역효과가 난다. 조지프 퓰리처 역시 성공적인 메시지를 이렇게 정의했다. "무엇을 쓰든 짧게 하라. 그러면 읽힐 것이다. 또한 명료하게 써라. 그러면 이해될 것이다."

둘째, 스토리는 새로우면서도 익숙해야 한다. 하나의 새로운 스토리가 만들어져 널리 회자되는 것은 쉬운 일이 아니다. 우리가 지금까지 들어온 대부분의 스토리들은 오래지 않아 기억에서 사라지고 말았다. 이미 알고 있는 스토리들과 비슷해 아무런 특징이 없기 때문이다. 반면에 스토리가 기상천외하거나 이국적이어도 기억하기가 쉽지 않다. 스토리들이 너무 낯설거나 위협적이면 우리는 그 의미를 왜곡시키거나 억압하려고 하기 때문이다.

그렇다면 새로운 스토리가 사람들의 머릿속에 자리 잡을 수 있는 최선의 조건을 무엇일까? 새로운 스토리는 친숙한 요소를 충분히 갖고 있어 상대방이 거부하지 않도록 하면서 동시에 사람들의 마음을 움직이고 주목을 끌 수 있는 개성을 지녀야 한다. "영국은 길을 잃었다"라는 대처 수상의 이야기에는 그러한 요소들이 모두 포함되어 있었다.

셋째, 스토리는 감성적으로 깊은 공감을 이끌어낼 수 있어야 한다. 대처 수상은 위대했던 조국이 주변부로 밀려났다는 스토리로 유권자의 감성을 자극했다. 영국인들의 자존심을 건드린 대처의 스토리는 유권자들을 움직였다. 감정(emotion)이란 단어의 라틴어 어원은 '움직이게 하다'임을 우리는 새삼 기억할 필요가 있다. 캐나다의 신경학자 도널드 칸(Donald Calne)은 "이성은 결론을 낳지만 감정은 행동을 낳는다"라고 말한다.

2부

———

의심 많은 도마를
설득하는 법

두 번째 형태는 특정 설득 내용에 대한 회의적인 반응이다. 당신도 상대방이 제안하는 내용이 나름 그럴듯하게 보이긴 하지만 왠지 확신이 서지 않았던 경험이 있을 것이다. 이 경우 저항의 본질은 설득의 내용이다.

성경에서 제자 도마는 처음에 부활한 예수를 믿지 않았다. "내가 그의 손에 난 못 자국을 보며 내 손가락을 그 못 자국에 넣으며, 내 손을 그 옆구리에 넣어보지 않고는 믿지 아니하겠노라"던 도마는 부활한 예수 몸의 상처를 만지고서야 "나의 주님이요, 나의 하나님이시다"라고 고백한다. 자신의 부활을 의심하던 도마에게 예수는 "너는 나를 본고로 믿느냐? 보지 않고 믿는 자는 복이 있도다"라고 말씀하셨다지만 보통 사람에 지나지 않는 우리가 예수처럼 말하면 정신병자 취급을 당할 뿐이다. 그보다는 심리학자들의 연구 결과에서 방법을 찾는 것이 바람직하다.

2부에서는 뭔가 미심쩍어하거나 미더워하지 않는 사람들에게 사용할 수 있는 오메가 설득 전략을 소개한다. 상대방이 그런 반응을 보일 때 정공법은 양면 메시지를 사용하여 반론을 제기하는 것이다(8장). 상대방이 의심하는 내용에 대해 조목조목 반론을 제기해 설득하는 것은 보다 합리적이고 이성적인 접근법이다. 하지만 이 방법은 논리 측면에서는 설득자를 승리하도록 만들 수 있지만 동시에 상대방을 감정적으로 불쾌하게 만들 수도 있기 때문에 조심해야 한다. 보다 안전한 방법은 상대방의 의심을 풀어줄 수 있는 보장 전략이다(9장). 모든 선택에는 양면성이 있다. 하나를 선택한다는 것은 다른 것을 포기해야 한다는 의미다. 선택에 따르는 위험을 모두 보장받을 수 있다면 선택은 의외로 쉬워질 수 있다.

리프레이밍을 통해 상황을 재구성하거나(10장), 비교 기준을 바꾸는(11장) 방법은 상황을 의도적으로 변화시켜 상대방의 회의적 반응에 대응하는 전략이다. 설득의 내용은 주어진 상황에 따라 의미가 달라진다. 영어로 설명하면 내용(text)을 바꾸지 않고 맥락(context)만 바꿔도 의미가 크게 달라질 수 있다는 말이다. 시간은 매우 흥미로운 개념이다. 시간이 어떻게 구성되는지 이해하면 상대방의 저항은 쉽게 무력해질 수 있다(12장). 후회 이론 역시 시간과 설득 이론과의 연결고리 역할을 한다(13장).

2017년 개봉한 영화 〈꾼〉에서 한 배우는 "의심은 풀어주면 확신이 된다"라고 말한다. 지금부터 의심을 확신으로 바꾸어주는 오메가 설득 전략들을 하나하나 살펴보자.

반론제기로
의심에 맞대응한다

8

다르게 생각하라

Think different

'다르게 생각하라'는 애플의 유명한 광고 슬로건이다. 애플의 성공 신화를 부러워하는 기업들과 사람들은 앞다퉈 다르게 생각하기의 미덕을 칭찬한다. 하지만 실제로 사람들은 타인이 자신의 주장에 찬성하지 않고 다르게 생각하고 저항하는 것을 달갑게 여기지 않는다. 사람들은 우리의 제안을 거절하고 의견에 반대하는 다양한 이유를 갖고 있지만 타인의 저항에 직면했을 때 우리는 직관적으로 감정적인 반응을 보이는 경향이 있다.

자신의 제안을 거절하고 의견에 반대하는 사람들에게 우리는 일차적으로 분노를 느끼게 된다. 분노라는 감정은 본질적으로 공격 지향성을 지닌다. 이런 이유로 설득에 저항하는 사람들에 대한 우리의 일차적인 반응은 보복적 공격의 형태를 띠게 된다. 가장 흔한 보복적 공격 형태로는 상대방에 대한 인신공격을 들 수 있다. 욕설, 매도, 고정관념 언어 사용 등으로 상대방의 인격을 공격하는 것은 거절에 대응하는 가장 저급하지만 동시에 가장 전형적인 방법이다.

상대방의 거절에 대응하는 좀 더 고상한 방법은 반론제기라는 정공법이다. 반론제기란 저항의 핵심을 찾아낸 뒤 그에 대응하는 논리를 펼치는 것을 말한다. 설득 커뮤니케이션 영역에서의 일면적 메시지(one-sided message)와 양면적 메시지(two-sided message)의 효과를 비교하는 연구는 상대방의 저항에 반론을 제기하는 정공법 메시지를 만드는 구체적인 실천지침을 제시한다.

일면적 메시지란 특정 입장에 우호적인 주장만 제시하는 메시지를 말한다. 자신의 입장과 관련된 어떤 부정적인 문제점도 언급하거나 인정하지 않는다. 자신의 부정적인 측면을 공격할 수 있는 어떤 반론 가능성도 무시한 채 일방적으로 특정 입장의 장점만을 제시한다. 대부분의 광고 카피는 일면적 메시지의 형태를 띤다. 예를 들어 2013년 집행된 유한락스 광고는 자사 제품의 강력한 살균력만을 일방적으로 제시한다.

세상의 나쁜 것들로부터
건강하게 지켜주고 싶어서
99.9% 살균청소
마음청소 유한락스

　반대로 상대방의 저항을 고려하는 경우 양면적 메시지를 던진다. 양면적 메시지는 자신의 입장에 우호적인 주장뿐 아니라 반대하는 입장도 언급하는 메시지를 말한다. 앞서 소개한 유한락스 제품에 대해 소비자들은 유한락스에서 나는 냄새에 매우 불쾌한 반응을 보였으며 제품이 지나치게 독성이 강한 것이 아닌가 하는 의구심을 갖고 있었다. 이러한 사실을 파악한 유한락스는 2015년 광고에서는 양면적 메시지 형태로 전략을 전환했다. 자사 제품의 약점과 관련된 질문에 답하는 방식의 카피를 사용한 것이다.

별 냄새 없는데? 이거 뭐예요?

유한락스의 진실, 유한락스의 냄새는

살균할 때 나타나는 현상입니다.

생활에 안심을 더하다 유한락스.

과일이나 채소를 씻어봅시다.

너무 독하지 않을까요?

아직 모르세요?

유한락스는 정말 안전하고

계면활성화제도 전혀 들어 있지 않아요.

    국내 광고에서 양면 메시지는 예상외로 자주 사용된다. 대표적인 사례로 대부 업체 러쉬앤캐쉬의 광고를 살펴보자. 이 광고는 두 사람의 대화로 진행된다. 먼저 여성이 "거기 이자 비싸지 않니?"라는 말을 통해 러쉬앤캐쉬의 단점인 높은 이자율을 언급한다. 여성의 질문에 남성은 다음과 같이 대답한다. "버스랑 지하철만 탈 수 있나? 바쁠 땐 택시도 타는 거지." 다시 여성이 묻는다. "조금 비싼 대신에 편하고 안심되는 거?" 이어서 광고는 "좋은 서비스란 그런 거 아닐까?"라는 남성의 말로 끝난다. 자사의 높은 이자율의 문제점을 미리 제시한 후 편리한 서비스라는 반론으로 역공격하는 양면 메시지 전략이 분명히 드러나는 광고다.

외국 광고에서도 양면 메시지는 어렵지 않게 찾아볼 수 있다. 예를 들어 하인즈 케첩은 광고 첫머리에서 자신의 제품이 병에서 천천히 나오는 약점을 고스란히 인정한다. 하지만 이어지는 광고 카피는 양면적 메시지를 통한 정공법의 힘을 훌륭하게 보여준다.

> 아직도 저희 제품은 동네에서 가장 느린 케첩입니다.
> 그 이유는 저희 제품이 가장 실속 있고 걸쭉한 내용물을
> 갖고 있기 때문이지요.
> 좋은 제품은 기다릴 만한 충분한 가치가 있습니다.

대니얼 오키프(Daniel O'Keefe)[8] 노스웨스턴대학 교수는 일면 메시지와 양면 메시지의 효과를 비교한 107개의 기존 연구들을 종합하는 메타 연구를 통해 양면 메시지가 일면 메시지보다 더 설득 효과가 높다는 사실을 발견했다. 흥미롭게도 이 연구는 모든 양면 메시지가 항상 일면 메시지보다 더 설득력이 있는 것은 아니라는 사실 역시 보여주었다. 양면 메시지의 형식을 취하더라도 상대방의 관점을 논박하지 않고 그저 그의 관점만 보여주는 양면 메시지는 오히려 일면 메시지보다 설득

효과가 낮게 나타났다. 다음과 같은 메리츠화재보험 광고 카피는 논박하지 않는 양면 메시지의 전형적인 사례라고 볼 수 있다.

> 보험은 어렵습니다.
> 보험은 골치 아픕니다.
> 보험은 복잡합니다.
> 그런데 보험은 필요합니다.
> 그래서 메리츠 화재가 즐거운 보험을 시작합니다.

이 광고에 의하면 사람들은 보험이 어렵고, 골치 아프고, 복잡하다고 생각한다. 이러한 고정관념들을 이어지는 광고 메시지에서 직접적으로 논박해 반론을 제시한 다음, 그럼에도 불구하고 보험은 필요한 것임을 강조해야 하지만 이 광고는 그러한 과정을 생략한 채 곧바로 보험이 필요하다는 주장으로 넘어가고 있다. 소비자들은 보험의 부정적인 측면과 긍정적인 측면에 대한 주장이 모두 포함되었지만 구체적인 논박이 생략된 양면 메시지 광고에 노출되었다. 이런 경우 소비자들의 일반적인 반응은 심리학의 기본 원칙 중 하나인 부정 편향(negativity bias)에 의해 보험의 부정적인 측면에 더 집중하게 된다. 결국 설득 효과가 약화되는 것이다. 양면 메시지를 사용하더라도 자신의 약점을 뛰어넘을 만큼 충분히 논박하지 못하면 오히려 긁어 부스럼 효과가 발생할 수 있다. 따라서 양면 메시지를 사용할 때는 매우 신중하게 접근해야 한다.

정공법에 의한 반론제기는 본질적으로 대결구도를 배경으로 하기에 매우 조심스럽게 사용해야 한다. 설득 상황에서 아무리 자신의 주장이 옳다고 해도 상대방을 마구잡이로 몰아가서는 안 된다. 대학생 토론 대회에 학생들과 함께 참가했던 유정아 전 KBS 아나운서는 그때의 경험을 한 신문 칼럼에서 다음과 같이 털어놓았다.

각 팀들의 경험을 종합해보건대, 진 팀들의 패인은 반론제기의 즐거움에 매몰돼 상대를 배려하지 못하고 궁지에 빠진 상대를 끝까지 몰고 갔다는 데 있었다. 토론을 지켜보는 이와 그 상대까지 자신의 주장으로 끌어들일 수 있으려면 보는 이의 마음을 움직여야 한다. 사람의 마음은 꼭 논리적으로 옳은 것에만 움직이지 않는다. 물론 말과 사물의 이치가 맞아야 함(logos)은 기본이지만 말하는 자의 정직성과 윤리성(ethos), 상대를 배척하거나 타도하는 것이 아니라 진심으로 생각해 설득하려는 듯한 선한 느낌(pathos) 등이 합쳐져야 마음은 움직인다.

만족하지 못하면
무조건 환불해준다?

9

죽느냐 사느냐, 그것이 문제로다.

To be or not to be, That is the question.

새삼스레 번역할 필요도 없을 만큼 유명한 햄릿의 독백이다. 죽느냐, 사느냐 혹은 아버지의 죽음에 대한 복수를 할 것이냐, 말 것이냐의 갈림길에 선 햄릿의 고뇌가 이 대사에 고스란히 담겨 있다.

햄릿만큼 심각한 것은 아니지만 우리 역시 일상생활 속에서 수많은 선택을 하면서 살고 있다. 예를 들어 중국 음식점에 가서 자장면을 먹을 것인지 짬뽕을 먹을 것인지 선택하는 것은 초등학교 이래 아직까지 해결하지 못하는 인생 고민이다. 이처럼 선택 결정이 어려운 이유는 각각의 대안이 나름대로 장점과 단점을 모두 갖고 있기 때문이다. 이러한 확신 부족에 기인한 저항의 상황에서는 보장의 언어를 적절하게 사용하는 전략이 가장 현명한 선택이 될 수 있다.

미국의 인터넷매체 《비즈니스인사이더(Business Insider)》에 의하면 샘 월튼(Samuel Walton)이 창업한 월마트는 2015년 기준 미국에서 가장 영향력 있는 기업 1위로 선정되었다. 월마트는 전 세계적으로 1만 개 이상의 점포와 200만 명 이상의 종업원을 거느린 세계 최대 소매 유통회사다. 일개 슈퍼마켓에서 시작해 세계 최고의 부자가 된 월튼은 자서전에서 다음과 같이 말한다.

> 나는 최초의 월마트 간판에 내 인생에서 가장 중요한 두 단어를 내걸었다. '만족 보장(Satisfaction Guaranteed).' 이 단어들은 아직도 월마트 매장에서 찾을 수 있다. 이 단어들이 오늘의 나를 만들었다.

세계 최고의 부자가 밝힌 성공의 비결은 다름 아닌 '만족 보장'이라는 두 단어였다. 월튼은 '만족 보장'을 슬로건으로 내

월마트의 소비자 만족 보장 로고

걸고, 소비자가 만족하지 않으면 이유를 묻지 않고 환불해주는 정책을 채택했다. 그는 환불로 인한 비용 증가보다 만족 보장으로 인한 매출 신장이 훨씬 클 것이라고 굳게 믿었다.

오메가 설득 전략의 관점에서 설명하면 월튼은 물건을 구매할 때 소비자가 갖고 있는 지형의 핵심을 정확하게 이해하고 있었다고 볼 수 있다. 소비자는 물건을 구매할 때 여러 가지 걱정과 염려를 한다. "혹시 새로 산 옷이 몸에 맞지 않으면 어떡하지?" "이 제품이 정말 필요한 것일까?" "이걸 샀다가 나중에 마음이 바뀌지는 않을까?" 그러나 월마트의 소비자 만족 보장 제도는 그러한 모든 걱정과 염려를 내려놓게 만든다. 어떤 이유든 방금 구매한 제품이 마음에 들지 않으면 나중에 환불받으면 된다는 생각에 소비자는 구매의 유혹에 대한 저항력을 상실하기 때문이다.

월마트에서 시작된 만족 보장 전략은 이미 마케팅 전략으로 일반화되어 다양한 형태로 나타나고 있다. 한국 기업들은 구매 과정에서 발생하는 소비자의 염려와 걱정으로 인한 저항을 무력화하기 위해 어떤 형태로 보장 전략을 구사하고 있을까? 국내 기업 광고 사례에서 찾아볼 수 있는 보장 전략은 크게 다섯 가지 형태로 분류할 수 있다.

첫째, 소비자가 원하는 특정 결과치를 달성하지 못하면 전액 환불해준다는 유형은 가장 일반적인 보장 전략이다. 이 유형은 주로 교육 업체나 취업 알선 업체의 광고 카피에서 찾을 수 있다.

> 유수연의 토익 보장반. 목표 점수 미달성 시 100% 환급!
>
> 목표 체중 감량 미달 시 100% 책임 환불제 다이어트!
>
> 대기업 합격 보장 코스. 불합격 시 전액 환불!

둘째, 자사가 임의로 설정한 서비스 기준을 만족하지 못하면 환불한다는 조건부 보장 전략이다. 이 유형의 대표적인 사례는 음식 주문 전문 앱 회사인 배달의민족이다. 배달의민족은 2014년 배달 앱 업계 최초로 환불 보장 제도를 시행했다. 음식의 양이 평소보다 적게 온 경우, 배달 시간이 예상을 초과한 경우, 배달 직원이 음식값 이외에 추가 비용을 요구할 경우 등 서비스 기준에 부합하지 않는 사례가 발생하면 환불해준다는 것이다. 이러한 서비스를 위해 배달의민족은 전용 상담센터 '배달음식 안심센터'도 운영했다.

배달 피자는 늦게 온다는 소비자의 저항을 무력화하는 피자헛의 30분 배달 보장 서비스도 이와 같은 유형에 속한다. '뜨겁지 않으면 공짜'라는 피자헛의 광고 카피가 그러한 저항 심리를 공격한다. 인터넷 쇼핑몰 11번가 역시 인터넷 쇼핑을 망설이는 소비자의 핵심 저항인 배송이 늦어 필요할 때 사용하지 못할 수 있다는 염려를 불식시키기 위해 업계 최초로 배송 지연 보상 제도를 실시한다고 발표했다.

셋째, 경쟁사와 가격 비교우위를 보장하는 전략이다. 이 전략 역시 다수 찾아볼 수 있다. 소비자의 구매 과정에서 나타나는 핵심 저항 중 하나는 가격에 대한 염려다. 제품이나 서비스는 마음에 들지만 혹시 다른 업체의 가격이 더 싸지 않을까 하는 염려와 관련된 저항에 대응하기 위한 다양한 최저가 보장 광고 카피들이 등장하고 있다. 예를 들어 이마트가 "홈플러스보다 비싸면 계산대에서 바로 차액을 쿠폰으로 드립니다"라고 말하면 경쟁사인 홈플러스는 "이마트보다 비싸면 차액을 쿠폰으로 제공합니다"라고 맞대응하는 식이다. 그 외에도 다음과 같은 사례가 여기에 속한다.

> 대한항공. 최저가 항공권 예약하기. 최저가가 아니면 차액의 500%를 보상해드립니다.
> 요기요 최저가 보장제. 단돈 100원이라도 비싸면 300% 보상해드립니다.
> 베이킹 스쿨 쇼핑몰. 최저가 선언! 더 싼 곳이 있다면 더 내리겠습니다.

넷째, 화장품 같은 기능성 제품은 직접 사용해보기 전에는 그 성능을 알기 힘들다. 이 점에 착안해 시장에 새로 진입하는 화장품 회사들은 과감한 환불 보장 체험 서비스를 제공한다. 예를 들어 미미박스라는 회사는 "화장품은 적어도 3개월은 써봐야 이 제품이 내게 맞는지 안 맞는지 알 수 있다"면서 무려 90일 환불 보장 서비스를 제공하고 있다. 하지만 화장품 회사들은 대체적으로 2주간의 체험 기간을 보장한다.

디테라피 예비맘 화장품 구매 후 만족스럽지 못하면 14일 이내에 고객센터로 연락주세요.

최지원 파일 확인. 14일 만에 달라지는 느낌을 경험하지 못하면 100% 환불해드립니다.

미구하라 제품의 자신 있는 약속. 제품 불만족 시 2주 이내 100% 환불을 보장해드립니다.

꼭 화장품 회사가 아니더라도 고객이 제품을 직접 경험한 다음에도 만족하지 못한다면 무조건 환불해준다는 식의 광고 카피는 다양한 기업들의 광고에서 찾아볼 수 있다.

헛개나무 프로젝트 쿠퍼스. 12주 동안 먹고 만족하지 못하면 전액 환불해드립니다.

카타나 골프 드라이버. 기존 드라이버보다 비거리 향상이 없다면 100% 환불.

보디로직. 속옷 착용 후 10일 이내에 교정 효과가 없으면 100% 환불 보장.

음식과 관련된 무조건 환불 보장 광고 카피 역시 같은 유형으로 간주된다. 하지만 소비자의 맛은 매우 주관적이라는 점에서 이러한 보장은 논란의 여지가 적지 않다.

> 치킨 맛없으면 100% 환불.
> 카레 여왕, 먹고 맛없으면 무조건 환불.
> 청정원, 만일 햇살담은 자연 숙성 간장이 맛이 없으면 100%
> 환불.

마지막으로 구매 후 환불 대신에 구매 시 소비자가 우려하는 서비스의 품질을 보장해 소비자의 저항을 낮추는 전략 역시 보장 전략의 일종으로 볼 수 있다. 자동차 회사나 보험 회사에서 소비자에게 제공하는 보장 내용들이 그러한 유형에 해당된다.

> 쏘나타 하이브리드 프리미엄 보장 서비스. 10년 20만 킬로미
> 터 무상 보증.
> 현대차, 미 쏘나타 하이브리드 배터리 평생 보장.
> 금호타이어 마모 수명 보증제.
> 실속 하나로 건강보험. 사망 원인 3대 질병 병원비 100세까지
> 보장.
> 운전 탑승 대중교통 보험. 교통사고 사망 시 5000만 원 보장.

흥미로운 점은 후발 주자들의 보장 전략은 매우 이례적인 조건을 내걸고 있다는 사실이다. 참다한 흑홍삼은 "저희 홍삼을 먹고 감기에 걸리면 병원비를 대신 내드립니다"라는 광고를 내보냈다. 광고의 내용을 믿는다면 이번 겨울에는 독감 주사 대신에 흑홍삼 한 세트를 구입하는 것을 고려해볼 만하다.

고객이 구매 의사결정을 주저하면서 망설일 때는 그러한 고민의 원인을 찾기 위해 노력해야 한다. 고객은 주로 품질, 가격, 제조사 주장의 신뢰성 등을 의심한다. 이 경우 고객의 망설임을 상쇄할 수 있는 보장을 제공한다면 고객의 얼굴에서 햄릿의 표정은 금방 사라질 것이다.

일단 보장을 통해 물건을 구매한 고객은 이른바 '소유 효과(endowment effect)'에 의해 환불 요청이나 반품을 꺼리게 된다. 미국의 행동경제학자 리처드 세일러(Richard Thaler)는 한 병에 5달러를 주고 구매한 와인을 50달러가 넘는 가격에도 팔지 않는 소비자의 심리를 이 개념을 통해 설명한다. 대다수의 소비자들은 일단 자기 것이 된 물건은 다시 내놓으려고 하지 않는다. 이유는 자신이 보유한 것에 더 큰 가치를 부여하는 편향성 때문이다. 보장의 단계를 무난히 넘어가면 보유의 단계는 무상으로 제공되는 모양이다.

맥락을 바꾸면
내용이 달라진다

10

한 수도승이 수도원장에게 물었다. "원장님, 기도하면서 담배 피워도 되나요?" "물론 안 되지요." 수도원장은 단칼에 그 청을 거절했다. 수도승이 수도원장에게 다시 물었다. "원장님, 그럼 담배 피면서 기도할 수 있나요?" "물론이지요. 기도는 언제나 할 수 있습니다." 수도원장이 빙그레 웃으며 대답했다.

커뮤니케이션 학자들에게 가장 인기 있는 이론 중 하나는 프레이밍 이론(framing theory)이다. 인지적 관점에서 우리의 정보처리 과정에 접근하는 프레이밍 이론은 핵심 개념인 프레이밍을 '선택과 삭제를 통해 실체의 특정 부분을 강조하는'

과정이라고 정의한다. 앞에서 소개한 수도승 이야기는 동일한 상황에서도 어떤 부분을 강조하느냐에 따라 상대방의 반응이 크게 달라질 수 있음을 보여준다. 첫 번째 질문에서 수도승은 흡연을 강조했지만 두 번째 질문에서는 기도를 강조했다. 이 이론에 따르면 객관적인 실체는 존재하지 않을지도 모른다. '제 눈에 안경'이라는 말처럼. 그렇다면 사람들의 관점을 바꿔주면, 다시 말해 리프레이밍해주면(reframing) 설득에 대한 저항도 무력화시킬 수 있지 않을까?

상대방이 당신의 설득 시도에 저항하면 다른 관점에서 상황에 접근하게 만드는 방법을 고민해볼 필요가 있다. 아날로그식 태엽시계시대에는 스위스 시계가 세계시장을 석권했다. 그러나 게임의 룰이 디지털식 전자시계로 바뀌자 스위스 시계산업은 엄청난 도전에 직면했다. 리프레이밍은 게임의 룰을 자신에게 유리한 방향으로 바꾸는 작업이다. 새로운 관점은 새로운 해결책을 요구한다. 당연히 과거의 관점에서 제기된 저항은 명분을 잃고 그 힘은 약화될 것이다.

Hope is no where.
Hope is now here.

첫 번째 문장은 '희망은 어디에도 없다'라는 부정적인 말이다. 그런데 한 글자만 띄어쓰기를 바꾸자 두 번째 문장은 '희망은 지금 여기에 있다'라는 긍정적인 말이 되어 완전히 다른 의미를 전달하게 된다. 이처럼 동일한 상황에서도 리프레이밍을 통해 관점을 전환하면 전혀 다른 상황으로 변하게 되는 것이다.

리프레이밍의 효과를 보여주는 마케팅 사례를 하나 더 살펴보자. 멕시코 맥주 코로나가 1980년대 말에 미국에 처음 소개되었을 때의 일이다. 파괴력 있는 잠재적 경쟁자의 등장에 바짝 긴장해 있던 미국 맥주 업계는 코로나 맥주의 병에 담겨진 맥주의 양이 일정하지 못하다는 사실을 알아내고는 의기양양했다. 버드와이저는 코로나가 "맥주의 양 하나 제대로 맞추지 못한다"라고 맹렬히 비난했다.

당시 코로나 맥주가 앞으로는 맥주 공정을 현대화해 맥주의 양을 정확하게 맞추겠다면서 사과했다면 코로나 맥주는 나태함, 게으름, 무절제 등 멕시코 사람들에 대한 부정적인 이미지와 연결되는 불행한 사태를 피할 수 없었을 것이다. 하지만 코로나는 전혀 예상하지 못한 방향으로 위기에 대처했다. 맥주의 양이 각각 다른 것은 다름 아닌 멕시코 특유의 여유와 낭만의 결과라고 새로운 관점으로 응수한 것이다. 병마다 맥주의 양이 다르다는 사실을 게으름이라는 프레임 대신에 진정으로 자유로운 삶을 즐기는 여유로 성공적으로 리프레이밍한 코로나 맥주는 현재 미국에서 가장 많이 팔리는 수입 맥주로서의 위상을 자랑하고 있다.

울산 마이스터고 김세영 선생님의 감사일기 사례 역시 리프레이밍의 파워를 여실히 증명해준다. 2016년 제4회 대한민국 인성교육대상을 수상한 김 교사는 2012년부터 전교생 362명에게 매일 하루 세 건씩 감사할 것을 찾아 노트에 적도록 했다. 다음은 울산 마이스터고 3학년 김용현 군이 쓴 감사일기의 내용이다.

> 엄마, 고마워요. 새로 사주신 로션 덕에 피부에 윤기가 나요. 저녁에 세탁기에 가득 든 빨래를 돌린 저에게도 감사합니다. 엄마의 일손을 덜어드려 뿌듯했습니다.

김 교사는 "감사함은 사물을 긍정적으로 봐야 생기는 감정"이라며 삶을 긍정의 프레임으로 보는 관점의 전환이 필요하다고 말한다. 앞에서 소개한 학생의 경우도 피부에 문제가 생긴 것과 빨랫감이 가득한 것을 불평하지 않는다. 대신에 피부를 윤기 나게 해주는 새로운 로션에 감사하고, 빨래를 통해 엄마의 일손을 덜어드린 것을 감사한다. 김 교사는 "처음에는 학생들도 쉽게 적응하지 못했지만 이제는 매사에 감사할 것을 찾으면서 삶이 달라지고 있다"라고 말했다.

UC데이비스의 심리학자 로버트 에몬스(Robert Emmons)의 연구는 그러한 삶의 변화를 단적으로 보여준다. 그는 대학생들에게 일기를 쓰도록 했다. 절반은 일상적인 일기를, 나머지 절반은 감사일기를 쓰도록 했다. 다시 말해 절반의 학생은 하루 일과 중 감사할 것만을 골라 일기를 쓰게 한 것이다. 그 결과 감사일기를 쓴 그룹의 학생들은 일반 일기를 쓴 학생들에 비해 훨씬 높은 행복지수를 기록했으며 숙면과 학업 성적에도 긍정적인 변화가 일어났다. 감사일기가 삶의 내용을 바꿔주지는 않지만 삶의 의미를 새롭게 리프레이밍하기에 이러한 변화가 가능했을 것이다.

위대한 리더들은 항상 주어진 상황을 리프레이밍하는 능력을 지니고 있다. 명량해전에서 이순신 장군은 12척의 배로 왜군의 배 330척과 맞서 싸워야 하는 최악의 상황에 직면했다. 그러나 그는 "신에게는 아직 12척의 배가 남아 있습니다"라는 말로 상황을 긍정적으로 리프레이밍해 병사들로 하여금 수적 열세에 대한 두려움을 극복하도록 만들었다. 그 결과 세계 해전사에서 유래를 찾아볼 수 없는 위대한 승리를 거둘 수 있었다.

2012년 대선에서도 당시 민주당 문재인 후보는 "우리는 대통령만 뽑는 것이 아닙니다. 문재인의 이름으로 새로운 세상을 선택하는 것입니다"라는 슬로건을 내걸고 대통령 선거를 단순히 대통령을 선택하는 행위가 아니라 새로운 세상을 선택하는 행위로 리프레이밍해 선거에 대한 무관심을 극복하고자 했다.

설득력 있는 사람들을 유심히 관찰하면 그들이 리프레이밍의 대가임을 알 수 있다. 중요한 의사결정을 앞두고 머뭇거리는 당신에게 상대방이 "나는 당신의 적이 아닙니다. 시간이 당신의 적입니다"라고 말한다든가 "사람들은 당신에게 우유부단하다고 말하지만 나는 그렇게 생각하지 않습니다. 당신의 우유부단함은 당신이 이 문제를 매우 신중하게 생각하고 있다는 뜻입니다"라고 말한다면 당신은 거기에 얼마나 저항할 수 있을까?

여행은 언제나 돈의 문제가 아니라 용기의 문제다.

하나투어의 광고 카피다. 미국 라스베이거스의 야경을 배경으로 한 이 광고는 "여행은 돈이 문제가 아니라 용기의 문제"라는 작가 파울로 코엘료(Paulo Coelho)의 말을 인용해 여행에 대한 새로운 관점을 부여한다. 여행을 못 가는 이유가 돈 때문이라고 생각하는 일반적인 접근을 거부하고 용기가 없기 때문이라고 리프레이밍해 소비자의 저항을 감소시킨 것이다.

게다가 소비자가 용기 없음을 지적해 일종의 자존심 긁기 기법의 효과도 함께 노리고 있다. 자신이 용기 있는 사람임을 증명하기 위해서는 여행을 떠나야 한다. 상황에 대한 리프레이밍에 성공하면 "용기는 여행박람회로부터 시작된다"라는 광고의 마지막 카피는 이제 아무런 저항 없이 받아들이게 될 것이다.

리프레이밍을 통해 소비자의 저항을 줄인 하나투어 광고

우리가 일상적으로 사용하는 용어를 바꾸는 것도 리프레이밍의 관점에서 매우 훌륭한 전략이 될 수 있다. 성매매를 불법화한 특별법에 맞서기 위해 성매매 여성들은 "성매매 또한 합법적인 노동이다"라고 주장했다. 그러나 그들의 주장은 "성은 소중한 것이므로 사고팔 수 없고 성매매는 죄악시된다"라는 사회 통념에서 벗어나는 것이기에 쉽게 용납되지 않았다. 이러한 이유로 성매매 여성들은 스스로를 '창녀'가 아닌 '성 노동자'라고 부르기 시작했다. '성 노동자'라는 새로운 용어를 통해 성매매를 다른 노동자처럼 누군가에게 필요한 노동력과 서비스를 제공하는 합법적인 행위로 리프레이밍하려는 시도인 것이다.

용어 변경을 통한 리프레이밍의 가장 대표적인 사례는 보험업계에서 찾을 수 있다. 보험설계사들은 과거 '보험 아줌마'라고 불렸다. 그러나 이제 보험설계사들은 자신을 '재무 컨설턴트'라고 부른다. 컨설턴트라는 새로운 용어를 통해 리프레이밍함으로써 보험설계사와 고객의 관계는 최소한 세 가지 차원에서 완전히 새롭게 바뀌었다.

첫째, 재무 컨설턴트라는 용어는 컨설턴트라는 말이 외부에서 도움을 주는 전문가 역할을 의미하듯 보험설계사를 고객을 위해 전문적인 도움을 제공하는 재무 전문가의 위치에 올려놓는다. 둘째, 재무 컨설턴트와 고객은 서로 협력관계에 놓이게 된다. 컨설팅의 존재 이유는 의뢰인의 문제해결에 있다. 따라서 재무 컨설턴트는 이제 더 이상 자신의 잇속만을 챙기는 보험 판매원이 아니다. 그들은 고객을 위해 존재하는 협력자로 자리매김하게 된다. 셋째, 재무 컨설턴트와 고객은 보다 안정적으로 장기적인 관계를 구축하게 된다. 보다 효과적인 컨설팅을 위해서는 많은 시간이 요구되기 때문이다.

할인 판매할 때
원래 가격을 표시하는 이유

11

> 사람의 행복과 불행을 좌우하는 것은 비교다.

17세기 영국의 설교자 토머스 풀러(Thomas Fuller)의 말이
다. 누구와 무엇을 비교하느냐에 따라 사람은 행복해지기도
하고 불행해지기도 한다는 뜻이다. 올림픽 시상식에서 메달리
스트들의 표정을 관찰해보면 그의 말이 소름이 끼치도록 정확
하다는 사실을 알게 된다. 올림픽에서 금메달을 따면 시상대
의 가장 높은 자리에 오르게 된다. 시상식은 금메달을 따낸 선
수의 국가가 연주되는 가운데 진행된다. 캐나다 밴쿠버 동계
올림픽에서 금메달을 딴 김연아 선수가 시상식에서 애국가를

조용히 따라 부르는 순간은 참으로 감동적이었다.

　그런데 올림픽에서 은메달을 딴 선수와 동메달을 딴 선수의 표정을 비교해본 적이 있는가? 모두 메달을 따서 시상대에 올라 기뻐하지만 그들의 표정을 찬찬히 살펴보면 대부분 동메달을 따낸 선수의 표정이 훨씬 밝음을 알 수 있다. 왜 그럴까? 그들이 비교하는 대상이 다르기 때문이다. 은메달리스트는 금메달을 눈앞에서 놓치고 말았기에 은메달은 금메달을 상실한 아쉬움의 상징이다. 반면에 동메달리스트는 턱걸이로 메달을 땄기에 동메달은 올림픽 메달리스트라는 자부심의 상징이다. 이처럼 무엇과 비교하느냐에 따라 메달의 의미는 달라진다.

동계 스포츠에서 가장 어렵다고 여겨지는 노르딕 복합 종목 시상식 장면

비교 기준은 저항의 강도를 결정하는 데도 지대한 영향을 미친다. 미국의 한 당구대 판매점에서 실시한 실험을 살펴보자. 처음 일주일 동안 판매자는 고객들에게 가장 싼 모델에서 시작해 점차 비싼 모델을 소개시켜주는 전통적인 판매 전략을 취했다. 이 기간 동안에 팔린 당구대의 평균 가격은 550달러였다. 그다음 일주일 동안은 고객들이 어떤 모델을 원하는지와 상관없이 판매자는 3000달러짜리 최고급 모델을 먼저 보여주고 점진적으로 값이 싼 모델을 소개하는 판매 전략을 취했다. 그 결과 이 기간 동안 팔린 당구대의 평균 가격은 1000달러가 넘었다. 이제 우리는 그 이유를 알 수 있다. 3000달러짜리 최고급 모델이 소비자에게 구매 판단의 비교 기준이 되었기 때문이었을 것이다. 다시 말해 3000달러짜리 모델과 비교해 약간 아쉬움은 있지만 그런대로 만족스러운 제품을 예를 들어 2000달러 가격에 살 수 있다는 판매자의 권유를 아무런 저항 없이 받아들이게 되었다.

로버트 치알디니에 의해 최초로 개발된 '일보후퇴 이보전진(rejection-then-retreat)' 전략 역시 저항의 관점에서 재해석할 수 있다. 상대방에게 막대한 것을 요청해 의도적으로 거절당한 다음 자신이 진정으로 원하는 규모의 것을 다시 요청해 상호양보의 원칙에 따라 승낙을 얻어내는 이 전략의 영향력을 비교 기준의 관점에서 새롭게 살펴보자. 일보후퇴 이보전진 전략은 의도적으로 커다란 첫 번째 요구를 동반한다. 두 번째 요구의 규모는 의식적이든 무의식적이든 첫 번째 요구와의 비교에 의해 판단될 것이다. 그 결과 두 번째 요구는 원래의 규모보다 훨씬 작은 것으로 인식되어 저항을 약화시킨다.

가령 당신이 친구에게 10만 원을 빌리고 싶다면 먼저 100만 원을 빌려달라고 요청함으로써 10만 원을 빌려달라는 당신의 두 번째 요구가 훨씬 작아보이도록 만들 수 있다. 그렇지 않고 곧바로 10만 원을 빌려달라고 하면 친구는 당신의 요청을 돈을 빌려주지 않는 대안과 비교할 것이며 그 결과 저항이 만만치 않을 것이다. 일보후퇴 이보전진 전략은 비교 기준을 100만 원으로 만들기 때문에 당신의 요청에 대한 친구의 저항은 현저하게 약화될 것이고 당신은 무난히 돈을 빌릴 수 있을 것이다.

일보후퇴 이보전진 전략을 통해 비교 기준을 높이면 의외로 쉽게 상대방의 저항을 무력화시킬 수 있다. 관련 사례들을 수집하다 보니 특별히 미국의 대통령들이 이 전략을 매우 선호한다는 사실을 알 수 있었다. 미국의 45대 대통령 도널드 트럼프는 그가 마흔 살에 쓴 자서전 『거래의 기술(Trump: The Art of the Deal)』에서 "나는 뭔가를 거래하는 것이 좋다. 그것도 큰 거래일수록 좋다. 나는 거래를 통해 인생의 재미를 느낀다. 거래는 내게 하나의 예술이다"라고 말한다. 흥미롭게도 그가 거래를 위해 가장 즐겨 사용한 기술은 다름 아닌 일보후퇴 이 보전진 전략이었다. 그의 고백을 직접 들어보자.

> 누군가로부터 건축 의뢰를 받으면 나는 언제나 실제 가격보다 5000만 달러 혹은 6000만 달러 정도를 더 요구합니다. 고객이 7500만 달러 정도의 비용이면 될 것 같다고 하면 나는 1억 2500만 달러 정도 들 것이라고 하고는 실은 1억 달러에 짓습니다. 치사한 짓을 하고 있는 셈이지요. 그래도 사람들은 내가 대단한 일을 했다고 생각합니다.

실제로 트럼프 대통령은 당선되자마자 중국과의 관계에서 일보후퇴 이보전진 전략을 적극적으로 사용했다. 《중앙일보》 김영희 대기자는 칼럼에서 이러한 트럼프 대통령을 신랄하게 비판했다.

> 탁월한 흥정꾼인 트럼프의 속셈은 뻔하다. 그는 100원을 받으려고 1000원을 부르는 사람이다. 당선 직후 그가 대만 총통 차이잉원에게 전화를 걸어 '하나의 중국' 정책의 재고와 중국을

환율조작국으로 지정할 수도 있음을 암시한 것은 시진핑과의 큰 거래에 앞서 기선 제압의 한 수였다. 시진핑은 트럼프의 요구대로 북한에 중국으로서는 전례 없이 강력한 압박을 가하고 있다. 북한산 석탄 수입을 금지하면서 이미 중국에 와 있던 석탄을 되돌려 보내는 이례적인 조치까지 취했다.

그런가 하면 레이건 대통령은 집권 중반기를 넘어서면서 심각한 딜레마에 빠졌다. 과도한 방위비 증강과 세금 감면 정책으로 연방정부 예산이 적자 상태를 면치 못하자 그는 2년간 350만 연방정부 공무원들의 임금을 동결했는데 그해 역시 공무원들의 임금 동결을 피할 수 없는 형편이었다. 이러한 상황에서 그는 기자회견을 열고 예산 상태가 악화되어 연방정부 공무원들의 임금을 5퍼센트 삭감하겠다고 발표했다. 워싱턴은 즉각 아수라장이 되었다. 백악관 주위에서는 '불공평한 레이건!'이란 팻말을 든 사람들이 24시간 동안 시위를 했다.

그로부터 2주 후 레이건 대통령은 다시 기자회견을 열어 연방정부 공무원들의 임금 5퍼센트 삭감 조치를 무효화하고 예산 적자를 메울 다른 방법을 찾아보겠다고 말했다. 수백만 명의 연방정부 공무원들은 그제야 안도의 한숨을 내쉬며 레이건 대통령에게 감사했다. 레이건 대통령은 3년 연속 연방정부 공무원들의 연봉을 동결하면서도 커다란 박수를 받은 것이다.

일보후퇴 이보전진 전략이 미국 대통령들만의 전유물은 아니다. 고등학교 학생회장인 J양은 학교에서 두발 자유화 운동을 벌였다. 70퍼센트 이상의 교사들이 찬성하고 교감 선생님 역시 찬성했지만 교장 선생님과 학생주임 선생님의 반대로 두발 자유화를 실시하지 못했다. 이에 J양은 교장 선생님을 직접 찾아가 설득했다. J양이 가장 먼저 꺼낸 화제는 두발 자유화가 아닌 잔디구장 설치와 전 교실 에어컨 설치에 관한 건이었다. 교장 선생님은 이러한 일들에는 막대한 예산이 필요하다는 이유로 반대했다.

이에 대해 J양은 한발 물러나서 그제야 두발 자유화에 대한 이야기를 꺼냈는데 염색, 파마까지 허용해달라고 요청했다. 그러한 요청마저 거절하자 J양은 마지막으로 두발 규정을 완화해 귀밑 50센티까지 가능하게 해달라고 했다. 마침내 교장 선생님은 J양의 요청을 받아들였다. 귀밑 50센티면 거의 허리까지 오는 길이여서 두발에 대한 규정은 존재하지만 실제적으로는 두발 자유화가 허용된 것과 다름없었다.

사실상 일보후퇴 이보전진 전략이 가장 흔하게 사용되는 곳은 백화점이다. 백화점 할인 판매 행사장에 가면 두 종류의 가격표를 볼 수 있다. 하나는 원래 가격이고 다른 하나는 세일 가격이다. 마케터 스스로 가격을 할인함으로써 소비자에게 양보하고 있다는 암묵적 증거를 제시하는 셈이다. 할인 판매할 때 원래 가격을 표시하지 않는 것은 어리석은 일이다. 사람들은 자신이 얼마나 싸게 물건을 사는 것인지 확인하고 싶어 한다.

그저 "오늘 우리는 12만 원에 구두를 판매합니다"라고 말하는 것으로는 충분하지 않다. "이 구두는 원래는 25만 원인데 오늘은 특별히 할인해서 절반도 안 되는 12만 원에 팔고 있습니다"라고 말해야 소비자의 저항이 약화된다. 소비자의 비교 기준이 구두를 구매하지 않는 대안에서 구두의 원래 가격인 25만 원짜리를 저렴하게 구매하는 대안으로 전환되기 때문이다. 25만 원짜리 구두를 12만 원에 구입한 소비자는 자신이

백화점 할인 판매 행사장의 가격표

12만 원을 소비했다고 생각하지 않고 오히려 13만 원을 절약했다고 생각한다.

설득의 내용을 바꾸지 않고 단지 비교 대상을 바꾸기만 해도 소비자는 이처럼 확연히 다른 반응을 보인다.

'얼마나 바람직한가'와
'얼마나 실현 가능한가'

12

미래는 현재 우리가 무엇을 하느냐에 달려 있다.

인도의 성자 마하트마 간디의 시간에 관한 명언이다. 그의 말처럼 오늘 어떻게 사느냐에 따라 미래가 결정되지만 사회과학자들은 역설적으로 미래의 시간을 어떻게 이용하느냐에 따라 현재의 설득 성공 여부가 결정된다고 주장한다. 전통적인 설득 이론에서 시간이라는 변인은 학자들의 관심을 끌지 못했다. 그러나 사람과 사람 사이의 커뮤니케이션 상황을 다루는 현대 설득 이론에서 시간은 점차 설득 연구의 핵심 개념으로 자리 잡아가고 있다.

오메가 설득 이론은 특히 시간이라는 변인의 미래적 속성에 중점을 둔다. '미래'라는 시간 변인의 속성 자체만으로도 시간이 설득에 대한 저항을 무력화하는 훌륭한 도구가 될 수 있다는 흥미로운 연구 결과가 속속 보고되고 있다. 그렇다면 왜 사람들은 미래라는 시간에 대해서는 관대하게 반응하는 것일까? 시간 해석 이론이 그 답을 제공한다.

뉴욕대학의 심리학자 야코브 트로페(Yaacov Trope)와 텔아비브대학의 나이라 리버먼(Nira Liberman)은 '시간 해석 이론(temporal construal theory)'을 통해 두 가지 종류의 미래를 제시한다. 하나는 근거리 미래(near future)로 현재와 가장 가까운 미래의 시간을 말하고, 다른 하나는 원거리 미래(distance future)로 현재의 상황에서 독립적인 미래의 시간을 가리킨다. 시간 해석 이론에 의하면 사람들은 이 두 종류의 미래를 각기 다른 방식으로 구성한다.

원거리 미래 관련 행동에는 보다 일반적이고 추상적인 방식으로 접근하는 반면에, 근거리 미래 관련 행동에 대해서는 보다 구체적이고 분명한 방식으로 접근한다는 것이다. 또한 사람들은 원거리 미래 관련 사건은 그것이 얼마나 가치가 있고 바람직한가의 관점에서 평가하지만 근거리 미래 관련 사건은 그것이 얼마나 실현 가능한가의 관점에서 평가한다. 따라서 원거리 미래에 실행을 요구하는 요청은 그것이 얼마나 바람직한가에 초점을 맞추고 근거리 미래에 실행을 요구하는 요청은 그것이 얼마나 실현 가능한가에 초점을 맞춰야 사람들의 저항을 약화시킬 수 있다.

연구에 의하면 사람들은 원거리 미래에 대해 비교적 낙관적인 편견을 갖고 있다. 중간고사를 코앞에 두고 있는 학생들에게 중간고사와 기말고사 중 어느 시험을 더 잘 치를 것 같으냐고 물으면 당연히 기말고사라고 답한다. 원거리 미래의 시험은 아직 준비할 시간이 충분하니 그동안 열심히 공부해 좋은 결과를 낼 것이라는 자신감이 낙관적 편견에 의해 충만해 있기 때문이다.

고등학생을 대상으로 하는 학원들은 입시설명회에서 이러한 논리에 부합되도록 저학년을 상대할 때와 고학년을 상대할 때 각기 다른 설득 전략을 사용한다. 고등학교 저학년들을 상대할 때는 최상위권 대학들의 이름을 언급하면서 노력하면 얼마든지 그런 대학에 갈 수 있다는 낙관적 기대를 심어준다. 구체적인 대학 입시제도에 대한 설명보다는 대학생활의 낭만과 매력에 대한 추상적인 이야기들로 학부모와 학생들의 수강 등록을 유도한다. 반면에 고학년을 상대할 때는 구체적인 대학 입시제도를 설명하는 데 대부분의 시간을 할애하면서 수험생들에게 현실적으로 합격 가능한 대학을 목표로 선정하도록 유도한다. 시간 해석 이론과 낙관적 편견 이론에 정확히 들어맞는 모습이다.

사회과학자들은 저항을 무력화하는 시간의 언어가 갖는 막강한 영향력을 보여주는 세 가지 유형의 연구를 실시한 바 있다.

만일 누군가가 어떤 요청을 해온다면

스티븐 셔먼(Steven Sherman) 인디애나대학 교수[9]는 사람들에게 단도직입적으로 어떤 요청을 하는 대신에 "만일 누군가가 미래에 어떤 요청을 해온다면 당신은 어떻게 반응하겠는가?"라고 질문을 미래형으로 바꿔 물으면 수용자의 저항과 반발을 무력화할 수 있다고 주장한다.

구체적으로 셔먼은 학생들에게 자원봉사를 위해 반나절의 시간을 낼 수 있느냐고 직접적으로 물었다. 이에 대한 승낙률은 2퍼센트에 불과했다. 이번에는 만일 나중에 누군가가 자원봉사를 위해 반나절의 시간을 낼 수 있느냐고 요청한다면 어떻게 답하겠느냐고 물었다. 미래형으로 질문을 바꾸자 학생들의 40퍼센트가 자원봉사를 위해 기꺼이 시간을 낼 수 있을 것이라고 답했다. 2주 후에 같은 학생들에게 자원봉사를 요청하자 전체 실험 대상자의 38퍼센트에 해당하는 학생들이 수락했다. 단순 요청의 승낙률보다 무려 19배나 높은 수치가 보고된 것이다.

왜 이런 차이가 발생하는 것일까? 당장 실천해야 하는 자원봉사 요청과 비교할 때 원거리 미래의 '가상적인' 행동에 대한 예측은 학생들의 선택에 큰 위협이 되지 않았을 것이고, 원거리 미래 행동은 가치의 관점에서 평가되기에 학생들은 자원봉사에 참여한다는 대의명분에 따라 저항과 반발 대신에 높은 수준의 수용을 보여주었을 것이다.

상대방에게 자신이 원하는 것을 얻어내기 위해서는 미래형으로 바꿔 질문한 다음 일정 시간이 흐를 때까지 기다리는 2단계 전략을 사용할 필요가 있다. 이 전략을 사용하기 위해서는 인내심이 필요하다. 그러나 미래의 성공은 인내의 보상이 된다는 점을 한 여학생의 경험담이 여실히 증명한다.

고등학생 때 친하게 지내던 남자친구가 물었다. "나중에 누가 네 전화번호를 물어보면 어떻게 할 거야?" 평소 낮가림이 심한 나는 곧바로 내 전화번호를 물어봤다면 주지 않았겠지만 그가 미래의 가상 상황을 놓고 질문했기에 별 생각 없이 "멋있는 사람이 물어보면 알려줄 수도 있지, 뭐"라고 가볍게 대답했다. 얼마간 시간이 흐른 다음 그 친구는 내게 실제로 전화번호를 물어보았고 나는 결국 번호를 교환하고 그와 사귀게 되었다.

미래의 가상적인 행동에 대한 남자친구의 질문은 분명 여학생의 선택의 자유를 최소한도로 침해하는 현명한 선택이 아닐 수 없다. 뿐만 아니라 자신의 미래 행동에 대해 '멋있는 사람이 자신에게 전화번호를 요청하는' 상황을 상상하는 여학생의 낙관적 편견 역시 저항을 약화시키는 데 한몫했을 것이다. 내 강의를 듣는 또 다른 학생이 한 경험담도 질문을 미래형으로 바꾸면 상대방이 저항하기가 용이하지 않음을 보여준다.

저는 중간고사 기간에 완성해야 하는 영어 에세이 과제를 위해 외국인 친구에게 한 달 전부터 "내가 나중에 영어 쓰기 과제를 해야 하는데 혹시 그때 도움을 요청하면 같이해줄 수 있을까?"라고 물었고 그 친구는 흔쾌히 "그래!"라고 대답했습니다. 그 후 중간고사 기간이 되어 외국인 친구에게 도움을 요청했고 저는 과제를 잘 마무리할 수 있었습니다.

사전 예약, 무료 서비스, 후불제의 공통점

　●

　설득 전문가들에 의하면 어떤 일을 지금 당장 실행해달라고 요구하기보다 미래에 그렇게 해달라고 요구하면 승낙률이 현저히 높아진다. 백화점에서 쉽게 볼 수 있는 "지금 구매하고 6개월 후에 결제하세요" 하는 식의 설득 전략은 이겨내기 힘든 유혹이다. 호주 항공사 콴타스 역시 "지금 예약하고 돈은 나중에 지불하세요(Book Now, Pay Later)"라는 제도를 도입해 얼마간의 돈으로 사전 예약을 하고, 출발 일자 이전에 요금을 완납하도록 하는 서비스를 제공한다. 이 제도의 시행으로 콴타스는 고객의 예약이 급증했다.

　일정 기간 무료 서비스를 제공하고 구매 결정은 나중에 하라는 무료 체험 마케팅의 효과 역시 행동의 실행을 미래의 시간으로 지연시키는 동일한 구조를 갖고 있다. 예를 들어 기능이 좋지만 비싸기로 유명한 프랭클린 플래너는 "사용자 특성에 맞게 선택 가능한 프랭클린 플래너 체험판을 사용해보세요"라며 프랭클린 플래너를 사고 싶지만 가격 때문에 망설이는 고객들을 위해 21일간 무료로 사용하는 서비스를 제공한다. 무료 체험과 미래의 실행이라는 두 가지 무기를 동시에 사용하는 마케터에게 넘어가지 않을 소비자는 많지 않다.

여행사 투어컴의 후불제 여행 전략 역시 이 범주에 속한다. 후불제 여행이란 먼저 여행을 다녀온 후 나중에 비용을 지불하는 방법이다. 이 방법을 적용하면 목돈 걱정 없이 여행을 갈 수 있다. 일단 투어컴에 회원으로 가입한 후 6개월간 일정 금액을 불입하면 적립액의 200퍼센트까지 후불제 여행을 떠날 수 있는 자격이 주어진다. 여행 경비의 50퍼센트는 여행 후에 나눠 갚으면 되므로 여행의 가장 큰 걸림돌인 목돈 걱정이 사라진다.

이 같은 사례들은 모두 의사결정에 따른 실행을 미래로 지연시킨다. 사전 예약, 무료 서비스, 후불제 모두 현재에 취해야 하는 행동은 전혀 없다. 거추장스럽고 부담되는 것은 모두 미래라는 박스에 담겨 눈앞에서 사라진다. 사람들이 근거리 미래의 실행 요청보다 원거리 미래의 실행 요청에 더 우호적으로 반응한다는 사실을 이들은 너무도 잘 알고 있는 것이다. 심지어 노점에서 땅콩을 파는 상인도 "선생님, 땅콩 드세요. 지금 맛보시고 나중에 사주세요"라고 말하지 않던가? 마케팅뿐 아니라 동생에게 라면을 끓여달라고 부탁하는 사소한 상황에서도 이 전략은 유효하다.

누나는 저와 함께 있을 때면 라면을 끓여달라고 자주 부탁합니다. 그럴 때마다 하기 싫다고 하면 "그럼 지금 해주지 말고 조금 있다가 해줄래?"라고 하면서 저를 설득합니다. 저는 그 말을 듣고 지금은 부탁을 들어주기 싫은데 조금 있다가는 해줄 수 있을 것 같아 마지못해 승낙을 한 경우가 많습니다.

상상을 넘어 가상 체험으로

●

심리학자들은 미래의 가상 행동을 상상하는 것만으로도 저항을 무력화할 수 있다고 말한다. 연구자들은 피실험자들에게 자신이 케이블 TV를 마음껏 시청할 수 있다고 상상해볼 것을 주문했다. 나중에 실제로 케이블 TV 서비스에 가입해달라는 부탁을 받자 이 사람들은 단순히 케이블 TV의 혜택에 대한 정보만 제공받은 사람들보다 훨씬 높은 승낙률을 보였다.

몇몇 국내 광고들은 그러한 심리학자들의 발견을 마케팅에 충실히 적용하고 있다. LG전자의 휘센 에어컨 라디오 광고에 스포츠 스타 손연재 선수가 나와 "자 상상해보세요. 동그란 창문으로 은은한 자연의 빛이 들어오고, 시원한 바람이 부는 풍경. 어디냐고요? 우리 집 거실이에요"라고 말한 바 있다. 에어컨에 대한 정보를 제공하고 구매를 권유하는 대신에 이 광고

미래의 상황을 상상하게 만들어 저항을 무력화시킨 LG전자의 휘센 광고

는 소비자로 하여금 에어컨을 산 다음의 우리 집 거실이라는 미래의 가상 상황을 상상하게 만든다. 인테리어 회사 한샘의 포스터 역시 "처음 만나는 즐거운 스트레스. 거실에 어떤 소파를 놓을지보다는 거실에서 어떤 생활을 하고 싶은지를 먼저 상상해보세요"라는 카피를 통해 잠재적 고객으로 하여금 미래의 가상적 생활을 상상하도록 만든다.

다국적기업 이케아는 증강현실(AR)이라는 첨단 기술을 사용해 소비자로 하여금 미래 생활을 상상하는 차원을 넘어 실제로 자신의 집을 꾸며보는 가상 체험을 하도록 돕는다. 이케

아는 마케팅의 일환으로 증강현실 앱을 사용해 카탈로그에 실려 있는 가구 사진을 스마트폰을 이용해 고객 집의 원하는 곳에 배치해볼 수 있는 서비스를 제공한다. 집에 가구를 새로 들여놓는 것은 그리 간단한 일이 아니다. 배치를 고민해야 하고 치수도 재야 한다. 증강현실 앱은 그 모든 수고를 덜어준다.

이케아 증강현실 앱을 사용하면 어떤 자리에 어떤 모습으로 가구를 들여놓을지 결정하는 것이 더 이상 머리 아픈 숙제가 아니라 재미있는 일로 바뀐다. 미래에 일어날 일을 증강현실 앱을 통해 미리 경험하게 된 소비자들은 구매 의사결정을 근거리 원칙(비용을 감당할 수 있을까?)에서 원거리 원칙(새로운 가구가 집에 얼마나 어울릴까?)으로 전환할 것이며, 그 결과 소비자의 저항은 크게 감소한다. 첨단 앱을 통해 소비자는 자신의 집을 이케아 가구로 꾸민 가상적 모습을 직접 체험함으로써 구매에 대한 저항을 내려놓게 되는 것이다.

많은 기업이 시도한 인터렉티브 광고 형식 역시 제품과 서비스에 대한 미래 체험을 가상현실에서 미리 제공함으로써 소비자의 저항을 약화시키는 데 일조한다. 게다가 인터렉티브 광고는 소비자의 가상 체험 과정에 유명 연예인을 동반 참여하도록 프로그래밍해 제품과 서비스의 매력을 높여준다. 예를 들어 푸마가 선보인 〈푸마 인터렉티브 무비 이효리 편〉에서는 소비자가 온라인에 자신의 사진을 올리면 프로그램 영상 속에 그 사진이 삽입되어 이효리와 함께 푸마 운동화를 디자인하고 론칭쇼를 진행하는 팀메이트가 된다. 보해소주에서 생산하는 월 소주 인터렉티브 광고도 이와 유사하다. 월 소주에 있는 QR 코드를 소비자가 모바일로 찍어 웹에 올리면 〈한가인과 보해소주 월 같이 마시기〉라는 프로그램으로 연결된다.

어쩌면 가장 유연성이 부족한 조직이라고 할 수 있는 군대에서도 인터렉티브 캠페인을 찾아볼 수 있다. 대한민국 육군은 입대하기 전인 남성들을 대상으로 자신과 현재 혹은 가상의 여자친구 사진을 업로드해 육군이 되는 체험을 할 수 있도록 지원한다. 여자친구가 없는 참여자는 디폴트로 걸스데이 민아가 가상의 여자친구 역할을 담당한다. 여기에 참여한 남성들은 여자친구와 함께 통쾌하게 적을 물리치는 가상 체험을 한다. 이러한 체험은 분명 군대에 입대한다는 사실에 대한 저항을 약화시킬 것으로 기대된다.

후회하지 않을
자신 있나요?

13

20년 후에는 당신이 한 일보다 하지 않은 일을 더 크게 후회하게 된다. 그러니 밧줄을 풀고 안전한 항구를 벗어나 바다를 향해 항해를 떠나라. 돛에 바람을 가득 담아 탐험하고, 꿈꾸며, 발견하라.

이 글을 쓴 마크 트웨인은 이미 오래전부터 후회와 관련된 인간 심리를 정확하게 꿰뚫어본 것으로 보인다. 사람은 살아가면서 무수히 많은 선택과 결정을 한다. 그중 어떤 선택은 좋은 결과를 낳고 어떤 결정은 나쁜 결과를 낳을 것이다. 자신의 선택과 결정이 나쁜 결과를 낳게 되면 사람들은 후회하게 된다. 살아가면서 후회를 피할 수는 없을 것이다. 문화심리학자 김정운은 『가끔은 격하게 외로워야 한다』라는 책을 출간한 후 가진 인터뷰에서 지금까지 살아오면서 후회하는 일은 없냐는 질문에 다음과 같이 대답했다.

> 없을 수 없다. 하지만 내가 하는 후회는 뭔가를 선택했기 때문에 생기는 후회다. 한 일에 대한 후회다. 하지 않은 일에 대한 후회는 바보 같은 짓이다. …… 가장 나쁜 건 하지 않은 일에 대한 후회가 많은 사람이다.

하지만 후회 이론(regret theory)에 따르면 대부분의 사람들은 자신이 한 일보다 하지 않은 일을 더 많은 후회한다. 후회 이론은 후회가 무엇인지, 사람들이 어떤 것들을 주로 후회하는지 그리고 왜 후회하는지에 대한 답을 알려준다. 흥미롭게도 우리는 후회 이론에서 시간, 설득 그리고 저항 간의 연결고리를 찾을 수 있다.

후회 이론은 철학, 경제학, 심리학 등 다양한 분야의 전문가들이 연구하고 있지만 설득과 저항의 관점에서 가장 흥미로운 내용은 심리학 분야의 반(反)사실적 사고와 관련한 연구에서 찾아볼 수 있다. 반사실적 사고 연구는 우리가 살아가면서 경험하는 사건들을 독립적으로 평가하는 것이 아니라 "만일 ~했더라면 ~할 수도 있었을 텐데" 등의 대안적 결과와 과거에 자신이 선택한 실제적 결과를 비교해 평가한다는 사실에 주목한다. 특히 '실제로 벌어진 사건'과 상상에 의해 구성된 '혹시 벌어졌을지도 모르는 사건'을 비교한 결과 발생하는 후회에 연구의 초점을 맞춘다.

후회 이론에 의하면 사람들은 어떤 의사결정을 할 때 두 가지 사항을 고려한다. 첫째는 어떤 결정이 최상의 결과를 낳을 수 있을 것인가에 대한, 즉 예상되는 만족에 대한 고려이고, 둘째는 자신의 결정이 잘못되었을 때 얼마나 후회할 것인가에 대한, 즉 예상되는 후회에 대한 고려다. 후회 이론에 의하면 대체적으로 예상되는 후회의 영향력은 예상되는 만족의 영향력보다 훨씬 크다. 만일 자신의 현재 결정이 잘못된다면 미래에 크게 후회할 것이라고 믿는 상황에서 사람들은 대체로 외부의 설득 압력에 저항하지 못하고 순응하게 된다는 사실을 반사실적 사고 관련 연구는 밝혀냈다.

대부분의 사람들은 선택에 대한 의사결정 과정에서 예상되는 최상의 결과에 초점을 맞춘다. 이들의 관점을 당신의 설득 시도를 거절할 때 발생할 수 있는 최악의 사태가 가져오는 후회로 전환시킬 수 있다면 저항을 손쉽게 극복할 수 있을 것이다. 몇 가지 사례를 살펴보자.

　가진 것 없이 노점을 시작해 현재 서울에 13개의 매장을 내고 연매출 20억 원을 올리는 회사를 운영하고 있는 김윤규 토마토도시락 대표의 성공담을 담은 『청년장사꾼』이란 책을 보면 이런 이야기가 나온다. 김 대표는 상암 월드컵 경기장 앞에서 축구 경기가 시작되기 전에 "여자친구가 추워서 감기 걸리면 약값이 더 들어간다. 무릇 담요 두 개에 5000원이면 남는 장사다"라는 메시지로 관람객을 설득해 7분 36초 만에 100개의 담요를 완판했다. 담요를 사지 않을 경우 발생할 수 있는 최악의 후회 상황(여자친구가 감기에 걸리고 약값도 많이 들어감)을 강조함으로써 고객의 저항을 약화시켜 설득에 성공한 사례다.

　삼성의 페이나우 광고 사례 역시 후회 이론에 부합되는 내용을 담고 있다. 광고 속에서 배우 오달수는 복잡한 카드 서비스를 이용하다가 결국 그 사이 물건이 품절되어 원하는 물건을 사지 못하자 매우 낙담한다. 광고는 이어서 이와 대비되는 상황, 즉 자사 서비스를 다운받아 원하는 물건의 값을 신속하게 결제하고 만족해하는 배우 오달수의 모습을 보여준다. 이 광고는 후회 이론에서 말하는 예상되는 최악의 후회 상황과 후회하지 않는 최상의 상황을 동시에 보여줌으로써 의사결정 과정에서 발생할 수 있는 소비자의 저항을 낮춘다.

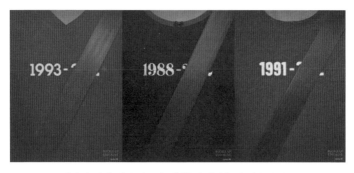

캐나다 퀘벡 시의 자동차보험협회 안전운전 캠페인 광고

　캐나다 퀘벡 시의 자동차보험협회에서 만든 안전운전 캠페인 광고는 등장인물의 가슴 부위에 태어난 해가 적혀 있지만 그 옆에 적힌 사망 연도는 안전벨트로 가려져 있다. 안전벨트를 사용했더라면 등장인물이 아직도 살아있을 것이라는 강력한 메시지를 전달하는 것이다. 이 광고를 보고 사람들은 안전벨트를 매지 않고 차량에 탑승했을 때 얻을 수 있는 최상의 혜택(번거로움을 피해 약간의 편리함을 제공하는 것 정도일 것이다)과 안전벨트를 매지 않고 차량에 탑승했을 때 잃을 수 있는 최악의 손실(광고는 그것이 사망이라는 사실을 분명하게 보여주고 있다)을 비교하게 될 것이다. 안전벨트를 매지 않았을 때 발생할 수 있는 엄청난 후회의 가능성을 깨닫게 된 사람들은 그 후 안전벨트를 순순히 착용하지 않을까?

영화나 드라마를 보면 가끔 주인공이 "당신 나중에 후회할 거야"라고 하는 장면이 나온다. 설득 전문가의 입장에서 볼 때 주인공은 후회 이론을 좀 더 정교하게 사용하는 것이 좋을 듯하다. 상대방에게 자신이 원하는 대로 행동하지 않으면 어떤 최악의 결과가 올 것인지 차분하게 말해주는 것이 화가 치밀어 분풀이하듯 "나중에 후회할 거야"라고 말하는 것보다 훨씬 긍정적인 결과를 가져올 것이기 때문이다.

3부

무관심한 사람을
설득하는 법

저항의

세 번째 형태는 전혀 반응을 보이지 않는 것이다. 경우에 따라서는 요지부동으로 무관심한 사람들을 설득하는 것이 거세게 반발하는 사람을 설득하는 것보다 훨씬 어려울 수 있다. 설득 시도에 전혀 반응하지 않기 때문에 이들이 어떤 생각을 하는지 도무지 알 수가 없기 때문이다. 이들에게는 설득 시도에 대한 반발을 감소시키거나 설득 내용을 적절히 변경하는 어떤 전략도 무용지물이다. 하지만 이러한 유형의 저항 본질은 현상유지에 있다는 사실을 알면 적절하게 대응할 수 있다.

3부에서는 무관심으로 저항하는 사람들에게 유용한 오메가 설득 전략을 살펴본다. 무반응 형태의 저항은 과거지향적이다. 현상유지를 중시하는 이들은 과거와는 다르게 생각하거나 행동하는 것 자체를 거부한다. 하지만 일상의 흐름이 끊기고 혼란이 발생하면 무반응은 그 안식처를 잃게 된다. 의도적으로 정보처리 과정을 혼란스럽게 만들면 사람들은 의무적으로 반응하게 된다(14장). 자존감을 높여주는 것도 무반응에 대응하는 좋은 전략이다(15장). 우리는 기분이 좋으면 평소에 하지 않던 행동을 하지 않는가?

선택권을 부여하거나(16장), 스스로를 설득할 기회를 제공하는 것(17장)은 사람들로 하여금 더 이상 무반응으로 대처할 수 없도록 만든다. 전화가 오면 받아야 하듯 선택권이 주어지면 선택해야 한다. 질문을 하면 답변이 따라오는 것처럼 선택권이 부여되면 반응이 따라올 것이다. 게다가 자기설득은 무반응에 효과적인 가장 훌륭한 설득 기법이다. 역할 연기를 통해 자기설득의 필요성이 생기면 스스로를 설득하는 반응은 자동적으로 나타날 것이다.

넛지 시스템은 개인 차원보다는 사회적 차원의 무반응에 대처하는 좋은 선택이 될 수 있다(18장). 누구나 기부 같은 친사회적 행동에 심정적으로 동의하지만 사회적으로 바람직한 행동은 쉽게 실천에 옮겨지지 않는다. 넛지 시스템은 그런 경우에 사용할 수 있는 다양한 전략을 제시한다.

37센트만
주세요!

14

설득하기 어려우면 혼란스럽게 만들어라.

If you can't convince'm, confuse'm.

미국의 유명 애니메이션 〈가필드(Garfield)〉에 나오는 명언이다. 처음 이 문구를 접했을 때는 그냥 웃어넘겼는데 오메가 설득 이론에 비춰보니 이 말은 심오한 설득 이론에 기초한 의미 있는 표현이었다. 과연 유명 만화가는 아무나 되는 것이 아닌가 보다.

우리 뇌는 매우 정교하게 만들어진 정보처리 기관이다. 우리는 하루 동안에도 엄청난 양의 정보를 처리한다. 일반적으로 정보처리 과정은 정보에 대한 노출, 이해, 평가, 수용의 단계를 거친다. 이 과정에서 평가 단계는 설득 메시지의 수용을 위해 가장 중요한 단계라고 볼 수 있다. 수용자가 원하는 정보에 노출되고, 정보의 내용을 정확하게 이해했다 하더라도 뒤이은 평가 과정이 부정적이라면 설득 효과는 생기지 않을 것이기 때문이다. 정보의 이해 단계가 주어진 정보를 있는 그대로 입력하는 비교적 객관적인 자동화 단계라면 평가 단계는 이해 과정을 통해 처리된 정보를 수용할 것인가 말 것인가에 대한 주관적인 판단이 시작되는 매우 중요한 시점이다.

설득 전문가들은 흥미롭게도 이러한 평가 단계를 의도적으로 혼란시키면 수용자로부터 설득 메시지에 대한 적극적인 반응을 이끌어낼 수 있다고 주장한다. 심리치료에서도 환자를 최면 상태로 이끌기 위해 이러한 '혼란 기법'을 적극적으로 사용하고 있다.

심리치료사는 최면 상태로 유도하기 위해 환자에게 익숙한 스토리를 들려준다. 환자는 이미 스토리가 어떻게 진행될 것인지 알고 있기 때문에 편안한 상태로 별다른 반응을 보이지 않는다. 그러다가 갑자기 심리치료사가 예상치 못한 방향으로 스토리를 전개시켜 환자를 혼란스럽게 만든 다음 최면 상태에 빠져들도록 한다. 심리치료의 대가 에릭 에릭슨(Eirk Erikson)에 의하면 이런 식의 혼란은 환자로 하여금 전혀 예상하지 못한 스토리의 의미를 이해하는 데 온통 에너지를 집중하게 해 정작 최면 상태에 빠지라는 요구에 저항하지 못하도록 만든다.

평가 단계는 에너지 측면에서 설명하면 설득 메시지의 수용 여부에 대한 판단을 위해 엄청난 에너지가 요구되는 과정이다. 그런데 설득 메시지의 정상적인 평가를 방해하는 혼란이 발생하면 수용자는 혼란의 의미를 이해하는 데 대부분의 에너지를 소비하게 된다. 에너지가 바닥나면 수용자는 설득 메시지에 저항하기 위한 목적의 반론을 제기하지 못한 채 고스란히 설득 메시지를 수용하게 된다.

UC산타크루즈 마이클 산토스(Michael Santos)[10]와 동료들의 실험은 이러한 혼란 기법이 자선 요청 상황에서 매우 효과적임을 증명해 보였다. 지나가는 행인들에게 적선을 요구할 때 "잔돈 있으면 도와주세요"라고 말하자 44퍼센트의 성공률을 보였다. 좀 더 구체적으로 "25센트 동전 하나만 주세요"라고 요구하자 성공률은 64퍼센트로 높아졌다. 지나가던 행인들에게 "37센트만 주세요"라고 요청한 경우 성공률이 가장 높은 75퍼센트를 기록했다. 37센트라는 구체적이면서도 예상 밖의 요청에 지나가던 행인들은 혼란에 빠졌다. "왜 하필 37센트야?" "이 사람이 37센트가 필요한 이유가 뭐지?" 혼란에 빠진

행인들은 구걸하는 사람에게 37센트가 필요한 특별한 이유가 있다고 판단하고 그 요청을 받아들인 것이다.

우리 주위에서도 혼란 기법의 형태를 띤 설득 캠페인을 찾아볼 수 있다. 예를 들어 2014년 10월 기아자동차는 모닝의 월 할부금을 15만 원까지 낮춘 특별구매 프로모션을 진행했다. 일반 할부의 경우 월 납입금이 27만 원이라는 점을 감안하면 매우 저렴한 가격이다. 구매를 촉진하기 위해 기아자동차는 월 납입금 15만 원을 일 단위로 쪼개어 하루 5000원으로 제시하면서 커피 한 잔 값만 아끼면 '모닝'을 살 수 있다고 광고했다. 어떻게 커피 한 잔 값으로 자동차를 살 수 있단 말이지? 이 광고 카피는 자동차 할부에서 통상적으로 사용되는 기본 단위인 '월 납입금' 대신에 '일 납입금'이라는 새로운 기준을 제시해 소비자의 혼란을 유발시켰다.

아름다운재단의 쌍용자동차 해고자 돕기 캠페인에서는 가수 이효리를 내세워 '노란 봉투' 프로젝트를 전개했다. 이 캠페인은 일인당 4만 7000원을 모금했다. 1만 명이 참여하면 쌍용자동차 해고자들이 국가에 벌금으로 내야 하는 47억 원의 목표액을 달성할 수 있다는 이유였을 것이다. 기부금 캠페인에서는 특정 액수를 요구하지 않는 것이 일반적이지만 이 캠페인은 4만 7000원이라는 기부금을 요구해 사람들을 혼란스럽게 만들고 기부금의 의미를 강조한 덕분에 일주일 만에 1만 명을 참여시킬 수 있었고 그 결과 목표액에 무난히 도달했다.

흔들어놓고 재구성하기

●

아칸소대학의 바바라 데이비스(Barbara Davis)와 에릭 놀스[11]는 이러한 혼란 기법을 판매 상황에 도입해 'DTR(Disrupt-then-reframe)'이라는 새로운 기법을 고안해냈다. '흔들어놓고 재구성하기'라고 정의할 수 있는 DTR 기법은 2단계로 구성된다. 첫 번째 단계는 일반적인 판매 과정에서 사용되지 않는, 약간은 비정상적인 표현으로 제품을 소개해 소비자를 혼란에 빠뜨린다. 두 번째 단계는 첫 번째 단계에서 소비자가 느끼는 혼란의 의미를 새로운 각도에서 재구성하는 리프레이밍 설득 메시지를 제시한다.

데이비스와 놀스의 실험 결과는 DTR 효과를 분명하게 보여준다. 이들은 지역 봉사단체 직원이 주민들의 가정을 방문해 자선 목적으로 카드를 구입해달라고 요청하는 상황에 DTR 기법을 도입했다. "여덟 장짜리 묶음 카드를 3달러에 판매합니다. 엄청나게 싼 가격입니다. 구입하시겠습니까?"라고 말해 판매가를 알려준 다음 그 가격이 엄청나게 저렴한 것이라고 재구성한 가장 일반적인 상황에서는 전체 가구의 35퍼센트가 카드를 구매했다. 그러나 "여덟 장짜리 묶음 카드를 300페니에 판매합니다. 엄청나게 저렴합니다. 구입하시겠습니까?"라고 말해 소비자를 300페니라는 혼란에 빠지게 만든 다음 재구성하는 DTR 기법을 사용한 상황에서는 전체 가구의 65퍼센트가 카드를 구매했다.

이러한 결과는 일회성에 국한되지 않았다. 데이비스와 놀스는 다양한 상황에서 DTR 기법을 적용하면 정상적인 상황보다 두세 배가량 높은 판매율이 일관되게 발견되었다고 말했다. 순서가 바뀌면 DTR 효과가 발생하지 않는다는 것도 이들의 실험 결과 일관성 있게 드러난 사실이다. "엄청나게 싼 가격에 드립니다. 여덟 장짜리 묶음 카드를 300페니에 판매합니다"라고 말해 재구성한 다음 혼란스럽게 만드는 순서로 설득 메시지를 제시한 경우 판매율은 정상적인 상황보다 오히려 약간 낮은 수준을 보였다. 따라서 DTR 효과를 기대하기 위해서는 순서를 지키는 것이 무엇보다 중요하다.

DTR은 일반적 순응 획득 전략에 속하는 문전걸치기 전략이나 일보후퇴 이보전진 전략만큼 잘 알려지고 다양하게 연구되어온 기법은 아니다. 그러나 미시간주립대학의 크리스토퍼 카펜터(Christopher Carpenter)와 프랭클린 보스터(Franklin Boster)[12]의 DTR 연구 자료 14편을 메타 분석한 결과에 따르면 이 기법은 문전걸치기 전략이나 일보후퇴 이보전진 전략보다 훨씬 효과가 크다. 혼란을 주기 위한 DTR 기법의 일환으로 사람들에게 익숙한 '컵케이크'이라는 표현을 '케이크컵'으로 바꿔 쓴다거나 때로는 우스꽝스럽게 '약간의 돈을'이라는 말 대신에 '돈 약간'이라는 표현을 사용하기도 한다. 놀랍게도 이러한 약간의 혼란은 소비자의 관심과 수용에 무시하지 못할 영향력을 행사한다.

만일 판매원이 우스꽝스런 소리를 해서 당신을 어리둥절하게 만들더니 갑자기 목소리를 낮춰 "이번 기회를 놓치면 평생 후회하실 겁니다"라고 말한다면 그는 십중팔구 DTR 효과를 기대하는 것이다. 국내에서 DTR 기법에 부합하는 마케팅 사례는 그리 많지 않지만 이제부터 소개할 몇몇 사례들은 DTR의 기본 원칙을 매우 충실하게 따르고 있다.

앗! 타이어 신발보다 싼 곳
대한민국 최고의 휠 타이어 대박 세일

한국타이어의 슬로건은 '앗! 타이어 신발보다 싼 곳'이다.

한국타이어 〈앗! 타이어 신발보다 싼 곳〉 광고

대부분의 경우 타이어의 가격을 구체적으로 제시하고 타사에
비해 저렴하다는 장점을 소구하지만 이 슬로건은 타이어의 가
격을 엉뚱하게도 신발 가격과 비교하고 있다. 사람들은 타이
어 가격을 평가할 때 신발 가격과 비교하지 않는다. 혼란에 빠
진 사람들에게 한국타이어의 '대박 세일 최고급 굳이어 타이
어 9만 9000원'이라는 리프레이밍 문구는 DTR 효과를 유도
한다.

크기가 무려 200mm!

맛있는 슈퍼 고구마!

　트럭에 맛있는 고구마를 가득 싣고 아파트로 팔러 오는 아저씨가 있었다. 그 아저씨의 트럭에는 항상 '크기가 무려 200mm, 맛있는 슈퍼 고구마!'라고 광고문이 붙어 있었다. 사람들은 크기가 200mm라는 말에 대한 혼란과 궁금증으로 고구마를 구경하러 가게 된다. 20cm라는 단위 대신에 200mm라는 단위를 사용하자 사람들의 판단에 혼란이 생겼다. 뒤이은 '맛있는 슈퍼 고구마'라는 리프레이밍 문구는 사람들에게 '큰 고구마가 맛도 있구나'라는 판단을 하게 만들었고 그 결과 이 고구마 트럭에는 훨씬 많은 사람이 몰려들게 되었다. 놀랍게도 트럭 아저씨는 DTR 이론을 정확하게 이해하고 있었던 것이다.

자존감 수업의
함정

15

2017년 새해, 나에게 주는 첫 선물 '자존감'

새로운 나로 살고 싶다면 먼저 자존감을 점검하세요!

정신과 의사 윤홍균 원장이 집필한 『자존감 수업』은 2016년
에 17주 연속 베스트셀러 1위를 차지한 바 있다. 그는 신문 광
고에서 자존감이 높아지면 열 가지가 달라진다고 말했다. 그
중 여섯 번째 변화인 "타인에게 휘둘리지 않는다"라는 말이
눈길을 끌었다. 오메가 설득 이론은 자존감이 높은 사람들이
오히려 남에게 설득당할(어감은 다르지만 결과적으로 '휘둘릴')
가능성이 높다고 말하기 때문이다. 그 이유를 살펴보자.

심리학 용어 중에 '칵테일파티 효과(cocktail party effect)'라는 말이 있다. 칵테일파티처럼 주위가 소란스러운 상황에서도 자신과 관련된 정보는 소음을 뚫고 귀에 전달되는 현상을 말한다. 이러한 용어에서도 알 수 있듯 '자아'라는 개념은 심리학에서 핵심적인 위치를 차지한다.

자기가치 확인 이론(self-affirmation theory)은 설득과 저항의 근원적 동기로 자아 개념의 중요성을 강조한다. 사람들은 자신의 가치관과 태도가 안정적인 상태로 유지되기를 원한다. 그러한 상태에서는 자신의 행동을 예측할 수 있고 스스로가 상황을 통제하고 있다고 확신할 수 있기 때문이다. 가치관과 태도의 바탕이 되는 자아를 공격하거나 자아의 변화를 요구하는 외부의 위협을 받으면 당연히 저항한다. 앞서 소개한 심리적 반발 이론에서 자유를 침해당할 때 사람들이 보여준 여러 가지 형태의 저항보다 훨씬 거세게 말이다.

하지만 설득 메시지가 자아를 공격하는 대신에 오히려 기존의 자아를 강화시켜주면 사람들은 어떻게 반응할까? 흥미롭게도 자기가치 확인 이론은 자아 개념의 강화가 설득 메시지에 대한 사람들의 저항을 감소시켜 결국 설득에 성공하게 만든다고 주장한다.

그 과정은 다음과 같다. 자기가치 확인 작업은 사람들의 자존감을 높여준다. 고양된 자존감은 자신을 아무도 꺾을 수 없고 외부의 위협에 대해서도 충분히 자기방어를 할 수 있다고 믿게 만든다. 자기가치 확인 작업은 사람들로 하여금 스스로의 능력을 과대평가하게 만들어 어떤 문제나 어려움도 헤쳐나갈 역량이 있다고 생각하게 된다. 자존감이 높아지고 자기능력을 과대평가하는 사람은 당연히 스스로를 보호할 필요를 덜 느끼고, 새로운 대안이나 기회에 대해 개방적인 태도를 취할 것이다. 그 결과 역설적이게도 자기가치 확인 과정을 거친 사람들은 외부 설득 메시지에 대한 저항력이 약화되어 궁극적으로 설득당할 위험이 더 커지는 것이다.

스탠퍼드대학 감옥 실험으로 국내에도 널리 알려진 필립 짐바르도(Philip Zimbardo) 스탠퍼드대학 교수도 『루시퍼 이펙트(Lucifer Effect)』라는 책에서 자신이 천하무적이라는 환상을 버리라고 충고한다. 스스로가 얼마든지 상처받을 수 있는 존재라는 사실을 인정하고 적절하게 경계하면서 살아가는 것이 바람직하다는 것이다.

우리가 매일 접하는 광고 중에는 이러한 자기가치 확인 이론을 이용하는 사례가 적지 않다. 대표적인 사례로 '도브'라는 비누의 TV 광고를 보자. 화가는 커튼으로 가려져 있는 여성 모델에게 스스로의 모습을 묘사하게 한 다음 그에 따라 그림을 그린다. 화가가 여성에게 "당신의 턱에 대해 말해보세요"
라고 하자 여성은 "조금 돌출되어 있고 웃을 때 특히 더 그래
요"라고 자신감 없는 목소리로 대답한다. 그림을 다 그린 화가
는 또 다른 여성에게 "조금 전에 만난 여성의 얼굴에 대해 몇
가지 질문할게요"라고 하면서 그 여성의 설명에 따라 광고 모
델의 얼굴을 다시 그리기 시작한다. "그녀는 날씬하고 광대뼈

도브 〈당신은 당신이 생각한 것보다 더 아름답습니다〉 광고

가 커요. 그리고 턱이 예뻤어요. 가는 턱이었죠." 여성 모델의 얼굴에 대한 제삼자의 묘사는 당사자 자신의 설명과는 차이가 있었다.

두 그림의 결과는 놀라웠다. 당사자 자신이 묘사한 설명에 따라 그린 그림보다 타인이 자신에 대해 묘사한 설명에 따라 그린 그림이 훨씬 아름다웠다. 도브 광고는 "당신은 당신이 생각하는 것보다 더 아름답습니다"라는 카피로 끝을 맺는다. 광고의 주된 대상인 여성 소비자는 이 광고 메시지를 통해 아름다움이라는 자기가치를 확인받는다. 스스로를 아름다운 사람으로 여기게 된 여성들은 더 큰 자존감을 갖게 되고, 그 자존감은 외부의 설득 메시지에 대한 저항을 낮추고 개방적인 태도를 갖도록 해 결국 도브라는 비누 제품을 구입할 확률을 높인다.

두산의 기업 광고인 〈사람이 미래다〉 역시 아름다움이라는 자기가치를 적극적으로 이용한다.

푸른 꽃은 푸르러서 예쁘고
붉은 꽃은 붉어서 예쁩니다.
가을은 알록져서 아름답고
겨울은 빛이 바래 아름답죠.

자신에게 없는 모습을 부러워하지 마세요.

있는 그대로 당신은 충분히 아름다우니까요.

두산의 광고는 "사람이 미래다. 두산"이라는 카피로 끝맺는다. 자기가치 확인 이론에 의하면 이 광고 역시 청년 소비자에게 아름다움이라는 가치를 확인시킴으로써 자존감을 높여준다. 그 결과 두산이라는 기업에 대한 저항이 줄어들어 긍정적인 기업 이미지를 갖게 된다.

그렇다면 자기가치 확인은 항상 저항을 감소시키는 긍정적인 결과만 가져올까? 설득 전문가들은 그렇지 않다고 말한다. 확인된 자기가치와 설득 메시지 주제가 서로 상충될 때는 오히려 부메랑 효과가 발생한다. 다음의 핸드타월 광고는 이러한 부메랑 효과를 예상하게 만든다.

물건을 하나 살 때도 꼼꼼히 생각하고 따져봅니다.

'이 가격은 적당한 걸까?'

'사게 되면 계속 쓰게 될까?'

'얼마나 사용할까?'

'소재는 괜찮을까?'

한참을 서서 손에 들고 있던 물건을 바라보며 생각에 잠기다

걸리는 게 몇 가지 있으면 쿨하게 내려놓는 자신을 발견하게 됩니다. 기왕 선물하는 거 '실용적이고 합리적이면' 좋잖아요?

이 광고는 실용적이고 합리적이라는 자기가치를 확인시켰다. 그러나 핸드타월의 가격은 두 장에 10만 원 정도로 고가에 해당했다. 평상시보다 실용성과 합리성의 가치를 크게 느끼게 된 소비자에게는 용납하기 힘든 가격인 것이다. 이 광고에서의 자기가치 확인은 오히려 제품에 대한 저항을 강화시켜 부메랑 효과를 가져다준다. 절약과 합리성이라는 가치를 확인시킨 다음 고가의 명품 제품을 판매하는 것은 현명하지 못한 일이다.

자기가치 확인 이론은 마케팅에서뿐 아니라 일상생활에서도 매우 유용한 설득 도구다. 거절의 심리학이 반복적으로 지적하듯 저항은 설득 과정에서 필연적으로 맞닥뜨리는 반응이다. 즉 우리가 누군가에게 어떤 요청을 하면 그는 당연히 저항한다. 이 경우 요구하기에 앞서 적절하게 자기가치 확인 과정을 거친다면 상대방의 저항을 어느 정도 약화시킬 수 있다. 자신이 원하는 것을 요청하기 전에 상대방이 중시하는 자기가치를 먼저 확인시켜준다. 상대방의 자존감이 높아지면 저항은 낮아진다. 다른 사람의 설득을 얼마든지 막을 수 있다고 믿는다면 설득의 희생양이 될 수 있다는 공포가 사라지기 때문이다.

미국의 사회과학자 밀턴 로키치(Milton Rokeach)는 평생 '가치'라는 개념을 연구해 인간이 추구하는 궁극적 가치를 열여덟 가지로 정리했다. 로키치의 열여덟 가지 가치 중 어떤 가치를 상대방에게 확인시켜주는 것이 가장 좋을지 생각해보자. 친구에게는 우정의 가치를, 애인에게는 아름다움의 가치를, 부모에게는 가족 안전에 대한 가치를 확인시켜준다. 그런 다음 그들의 자존감이 커지고 마음이 넉넉해질 때까지 기다린

안락함	자극적인 삶	성취감
평화	미의 세계	평등성
가족의 안전	자유	행복
내적 조화	성숙한 애정	국가 안전
즐거움	구원	자기존중
사회적 인정	진정한 우정	지혜

밀턴 로키치의 궁극적 가치 열여덟 가지

다. 그들의 자존감이 커지면 설득 메시지에 반응할 것이고 당연히 설득하기가 훨씬 쉬워질 것이다. 반면에 누군가가 "너는 내 최고의 친구야. 너 없는 세상은 상상할 수도 없어"라면서 당신에게 우정의 가치를 확인시키려 하면 경계해야 한다. 스스로가 자기가치 확인 이론의 희생자가 될 수 있기 때문이다.

선택하게 하라,
반응할 것이다

16

모든 사람은 이것이든 저것이든 하나를 선택한다.

그리고 그에 대해 책임을 져야 한다.

프랑스의 소설가 장 폴 사르트르는 선택의 필연성과 그에
대한 책임을 명확하게 이해하고 있었다. 핵심 저항 이론 중 하
나인 심리적 반발 이론은 저항의 본질을 선택의 자유가 위협
당하는 측면에서 접근한다. 서구 문화가 지향하는 최고 가치
중 하나가 자율성이라는 사실을 기억한다면 고개가 끄덕여질
것이다. 사람들은 스스로 결정하는 쪽을 선호하며 자신의 행
동이 외부 압력, 예를 들어 설득 메시지에 의해 결정되는 것을

거부한다. 그렇다면 상대방의 저항을 최소화하는 방법은 스스로 행동을 선택하게 만드는 것이다.

크리스토퍼 카펜터[13]의 순응 획득 전략에 대한 연구에 따르면 선택에 대한 상대방의 자율성을 존중하면 순응의 확률이 높아진다. 카펜터는 일단 어떤 요구를 한 다음 "그렇지만 당신이 스스로 결정하세요(But you are free, BYAF)"라는 말을 덧붙여 상대방의 자발적인 선택을 유도하는 전략의 효과를 다룬 42편의 논문을 메타 분석을 바탕으로 연구했다. 그 결과 BYAF 전략의 효과는 아무런 실험적 처치를 하지 않은 통제 집단에 비해 두 배 이상 높다는 사실을 알 수 있었다. "당신 좋을 대로 하세요" "결정은 당신의 몫입니다" 등 상대방의 자유 선택권을 강조하는 표현들은 모두 동일한 효과를 발휘했다. 어쩌면 BYAF 전략은 상대방의 저항을 우회할 수 있는 가장 쉽고 편리하고 윤리적인 설득 방법일지도 모른다.

소비자행동에 관한 연구에서도 의사결정을 주저하면서 반응을 보이지 않는 고객에게는 대안을 제시하고 그중 하나를 선택하게 만드는 것이 매우 효과적인 방법이라는 데 동의한다. 결혼기념일 선물로 어떤 보석을 사야 할지 망설이는 고객에게 귀금속 가게 주인이 "결혼기념일 선물을 다이아몬드 반지로 하시겠어요, 진주 목걸이로 하시겠어요?"라고 묻는다거나, 자동차 판매원이 "자동차의 색깔을 회색으로 하시겠어요, 빨간색으로 하시겠어요?"라고 묻는다면 조심해야 한다. 그들의 질문에 대답하는 순간 당신은 '이중구속의 딜레마(double-bind dilemma)'에 빠질 것이기 때문이다.

내가 어떤 부탁이나 요구를 할 때 상대방이 그에 저항할 것이 거의 확실하다면 상대방에게 선택권을 부여하는 이중구속 딜레마 전략을 고려해야 한다. 부모 말을 안 듣는 어린 자녀에게 "자기 전에는 이를 닦아야지"라고 일방적으로 지시해서는 좋은 결과를 기대하기 힘들다. 이 경우 아이들은 부모의 말에 순종하거나(자기 전에 이를 닦는 것) 혹은 저항하는(이를 닦지 않고 잠자리에 드는 것) 것 두 가지 중 어느 쪽을 선택할지 갈등하게 된다. 그러나 아이들에게 특정 대안에 대한 선택권을 부여하면 이제 저항의 대상은 전혀 다른 모습으로 바뀌게 된다.

오메가 설득 이론을 잘 알고 있는 현명한 부모는 늦은 시간에도 자지 않고 천방지축으로 뛰노는 아이에게 일방적으로 잠자리에 들라고 지시하는 대신에 "자기 전에 이를 먼저 닦을래, 아니면 잠옷을 먼저 갈아입을래?"라고 묻는다. 아이들은 부모 말에 순종해 이를 먼저 닦을 것인지 아니면 저항하여 잠옷을 먼저 갈아입을 것인지 사이에서 갈등하게 된다. 아이들이 부모에게 순응하려는 동기에 따르든(자기 전에 이를 먼저 닦는 것)

혹은 저항하려는 동기에 따르든(자기 전에 잠옷을 먼저 갈아입는 것) 간에 부모 입장에서는 자녀의 행동이 만족스러울 수밖에 없다. 어떤 선택의 경우에도 자녀의 행동은 바람직한 결과로 여겨질 것이기 때문이다.

미국의 심리학자 밀턴 에릭슨과 심리치료사 어니스트 로시(Ernest Rossi)[14]는 이러한 전략에 '대안선택을 통한 이중구속(alternative choice double-bind)'이라는 매우 길고도 복잡한 이름을 붙였다. 이 전략이 효과적인 이유는 쌍방에게 모두 만족감을 주는 구조적 장점을 지니고 있기 때문이다. 아이의 입장에서는 부모의 일방적 지시에 따르는 대신에 자신의 행동을 스스로 결정했다는 점에서 과정 차원의 만족감을 느끼게 된다. 반면에 부모의 입장에서는 아이가 어떤 선택을 하든 결국 잠자리에 들었다는 점에서 결과 차원의 만족감을 느끼게 된다.

이중구속 전략은 교육적인 목적으로도 매우 유용하게 사용될 수 있다. 예를 들어 교사가 수업을 듣는 학생들에게 다음 주까지 과제로 책을 읽어오라고 지시한다면 이 경우 저항과 순응의 차이는 책을 읽느냐의 여부에 따라 결정된다. 저항의 핵심은 책을 읽지 않는 것이다. 하지만 교사가 학생들에게 다음 주 과제로 내준 책을 읽을 때 성의 없이 읽지 말고 천천히 숙독하라고 지시한다면 학생의 저항은 책을 성의 없이 읽는 행동이 된다. 그렇다면 학생들이 교사의 지시에 저항해 책을 빨리 읽는다 해도 최소한 그 학생은 책을 읽게 된다. 학생의 저항(책을 빨리 읽는 것)이 오히려 학생으로 하여금 책을 읽게 만드는 것이다.

마찬가지로 공부하기 싫어하는 아이들에게 "지난 내용 복습할래, 다음 내용 예습할래?"라고 선택권을 부여하면 아이들은 공부하는 데 있어서 스스로 선택해 행동한다는 생각에 아무런 저항을 하지 않고 더욱 열심히 공부할 것이다. 내 강의를 듣고 이중구속의 딜레마를 알게 된 한 학생은 고등학교 때 겪은 다음과 같은 쓸쓸한 경험을 들려주었다.

우리 반만 일요일에 등교해서 자습을 하게 되었는데 아이들은 당연히 일요일까지 학교에 가는 걸 싫어했다. 이런 상황에서 담임선생님이 9시에 등교해 출석 체크를 할 것인지, 11시에 등교해 출석 체크를 할 것인지 둘 중에 하나를 선택하라고 말했다. 당연히 아이들은 조금이라도 더 늦잠을 자기 위해 11시를 선택하고 결과적으로 흡족해했다. 그러면서 우리는 굳이 등교하지 않아도 되는 일요일까지 학교에 가서 자습해야 한다는 사실은 잊었다.

이처럼 상대방의 예상되는 저항을 심사숙고한 다음 저항을 재구성해 상대방에게 이중구속의 선택권을 주면 얼마든지 바람직한 방향으로 변화를 이끌어낼 수 있다. 이중구속의 효과에 대해 에릭슨이 내린 결론을 결코 잊지 말아야 할 것이다.

오랜 경험을 통해 제가 깨달은 것이 있습니다. 개인적 이득을 위해 사용된 이중 구속 전략은 궁극적으로 좋지 않은 결과를 낳는다는 것이지요. 반면에 이중 구속 전략이 상대방의 혜택을 위해 사용되었을 때는 그 효과가 오랫동안 지속됩니다.

주위를 둘러보면 이중구속의 딜레마를 장착한 선택권 부여 전략의 예를 다양하게 찾아볼 수 있다. 드라마 〈미안하다, 사랑한다〉에는 소지섭이 여주인공 임수정이 밥을 먹도록 설득하기 위해 계속 선택권을 부여하는 장면이 나온다.

"밥 먹을래 나랑 뽀뽀할래?"
"밥 먹을래 나랑 잘래?"
"밥 먹을래 나랑 살래?"
"밥 먹을래 나랑 같이 죽을래?"

미국이 제1차 세계대전 기간에 실시한 국가 전시 공채 광고

 미국은 제1차 세계대전 중 전쟁 자금을 모으기 위해 '국가 전시 공채'를 발행해 국민들에게 판매했다. 그러한 목적으로 만들어진 정부 광고의 카피는 "Fight or Buy Bonds"였다. 전투에 직접 참여하거나 아니면 국가 전시 공채를 구입하라는 말이다. 아무리 전시라도 국가 공채를 구입하는 데는 적지 않은 저항이 따를 수밖에 없다. 이러한 현실에서 미국 정부는 국민들에게 선택권을 부여해 공채 구입에 대한 저항을 감소시킨

것이다.

상업 세계에서도 다양한 선택권 부여 전략을 찾아볼 수 있다. 예를 들어 캐논 디지털 카메라를 광고할 때 "캐논 렌즈를 사세요"라고 하지 않고 "캐논 렌즈 두 개 중 하나를 선택하세요"라고 한다. 초광각을 원한다면 렌즈 A를, 고화질을 원한다면 렌즈 B를 선택하라는 광고를 접한 소비자들은 저항력을 잃게 된다.

일단 우리가 어떤 선택을 하게 되면 매우 소중한 부산물이 생긴다. 학자들의 주장에 의하면 선택은 일관성의 원칙에 의해 그와 관련된 행동의 수반을 요구한다. 앞서 캐논 디지털 카메라 광고를 읽고 렌즈 A를 선택했다면 일관성의 원칙이 소비자의 구매 심리를 자극할 것이다. "두드리라, 그러면 열릴 것이다"라는 성경 말씀처럼 "선택하게 하라, 그러면 반응할 것이다."

행동이
태도를 결정한다

17

생각하는 대로 살지 않으면

사는 대로 생각하게 된다.

우리가 잘 알고 있는 19세기 프랑스의 작가 폴 발레리의 말
이다. 이는 용기 내어 자신의 신념에 따라 살지 않으면 인생을
마구잡이로 살게 된다는 뜻이다. 발레리는 '생각하는 대로 사
는' 인생을 '사는 대로 생각하는' 인생보다 바람직한 것으로
생각한 듯하다. 한 블로거는 "생각하는 대로 살지 않고 사는
대로 생각하게 되는 것이 늘 두렵다"라고 말한다. 하지만 자기
설득 이론(self-persuasion theory)을 따르는 학자들은 우리의

본성 자체가 오히려 사는 대로 생각하게 되는 쪽에 가깝다고 주장한다. 설득 이론의 용어를 빌리자면 내부적 태도가 외부적 행동을 만들어내는 것이 아니라 반대로 외부적 행동이 내부적 태도를 만들어낸다는 것이다.

얼굴 표정과 감정의 관계에 대한 실험 결과는 외부적 행동이 내부적 감정이나 태도를 만들어낼 수 있다는 주장이 타당함을 보여준다. 클라크대학 제임스 레어드(James Laird)[15]의 실험을 살펴보자. 실험에 참여한 사람들은 다양한 얼굴 근육을 수축하거나 이완하라는 지시를 받았다. 그 결과 미소 혹은 찡그린 얼굴 표정이 만들어졌지만 그들은 자신이 어떤 감정을 표현하고 있는지 전혀 인식하지 못했다.

하지만 그들의 얼굴 표정은 그들이 경험하는 감정을 결정하는 데 지대한 영향을 미쳤다. 찡그리고 있을 때는 분노의 감정이, 미소 짓고 있을 때는 행복의 감정이 지배적이었던 것이다. 레어드는 자신의 연구 결과에 기초해 사람들의 얼굴 표정은 내부적 감정 상태의 결과가 아니라 오히려 내부적 감정 상태의 원인으로 작동한다고 주장했다. 다시 말해 행복하기 때문에 미소 짓는 것이 아니라 미소 짓기 때문에 행복해진다는 것이다. 웃음을 만성질환의 특효약이라고 여기고 환자들에게 의도적으로 많이 웃을 것을 주문하는 웃음 치료 신봉자들의 주

환자들에게 의도적으로 많이 웃을 것을 주문하는 웃음 치료

장과 일맥상통하는 내용이다.

자기설득 이론은 외부적 행동이 내부적 태도를 결정한다는 주장에 관한 가장 대표적인 이론이다. 미국의 심리학자 엘리엇 애런슨(Elliot Aronson)은 55년간의 연구 활동을 정리하는 한 강의에서 "내가 평생의 연구를 통해 깨달은 것이 한 가지 있다면 가장 큰 영향력을 갖는 설득의 형태는 자기설득이라는 사실이다"라고 말했다.

우리는 말에게 억지로 물을 마시게 할 수는 없다. 우리가 할 수 있는 일은 말을 강가로 데려가는 것뿐이다. 비슷한 논리로 사람들을 강제로 설득할 수는 없다. 설득 전문가들은 자기설득에 필요한 논리와 상황만 제공할 뿐이다. 쿠르트 레빈은 자기설득 이론에 기초한 역할 연기가 사람들을 설득하는 가장 좋은 방법이 될 수 있다고 주장한다. 역할 연기를 통해 현실적인 문제를 훌륭하게 해결한 그의 연구 결과를 살펴보자.

역할 연기로 스스로를 설득한다

제2차 세계대전 중 미국은 소고기 공급 부족이라는 심각한 문제에 봉착했다. 미국 정부는 소고기 소비량을 줄이면서도 미국인들이 건강을 유지할 수 있는 방법을 찾기 위해 고심했다. 그들이 찾아낸 대책은 살코기의 소비를 줄이고 대신에 소의 심장, 콩팥, 곱창과 같은 내장 부위를 먹도록 설득하는 것이었다. 미국 정부는 이러한 목표를 달성하기 위해 레빈에게 도움을 청했다.

레빈의 접근법은 탁월했다. 그는 식탁에 오르는 음식에 대한 결정권을 갖고 있는 주부들을 대상으로 실험을 진행했다. 먼저 실험에 참여한 주부들을 두 집단으로 나눠 첫 번째 집단은 45분간 소의 내장을 소비하는 것이 건강과 경제적 관점에서 얼마나 바람직한가에 대한 강의를 듣게 했다. 강의 말미에 참가자들에게 내장을 요리하는 방법이 적힌 인쇄물을 나눠주었다. 하지만 이들이 나중에 식탁에 내장을 올린 비율은 3퍼센트에 지나지 않았다.

두 번째 집단을 대상으로는 45분간 강의 대신에 역할 연기를 하도록 했다. 레빈은 주부들에게 "어떻게 하면 여러분과 같은 주부들을 내장의 소비를 촉진하는 프로그램에 참여하도록 설득할 수 있겠습니까?"라고 물음으로써 주부들을 논의의 핵심으로 끌어들였다. 그리고 실제로 주부들에게 그러한 방법을 찾는 역할을 맡겼다. 역할 연기 형식으로 진행된 그룹 토론의 결과는 강의에서 다룬 내용과 별반 다르지 않았지만 그 효과는 전혀 달랐다. 역할 연기에 참여한 주부들 중 32퍼센트가 실제로 식탁에 소의 내장을 요리해 올렸다. 내장 요리 프로그램에 다른 주부를 참여시키기 위해 설득하는 역할을 맡은 주부의 3분의 1은 자신의 역할 연기에 스스로의 행동을 일치시켰던 것이다.

일방적인 강의와 역할 연기의 설득 효과는 무려 10배 가까이 차이가 났다. 환경보호를 위한 에너지 절약 행동에 전혀 관심을 보이지 않는 자녀들에게는 에너지 절약에 대한 토막극 한마당에 참여시켜볼 일이다. 놀라운 변화가 생길 것이다.

한편 UC산타크루즈의 심리학자 앤서니 프랫카니스(Anthony Pratkanis)는 역할 연기와 유사한 '역할 부여(role assign-ment)'를 통해서도 저항을 효과적으로 약화시킬 수 있다고 말한다. 그에 따르면 사람들 간의 영향력은 역할에 대한 상호작용을 통해 형성된다. 예를 들어 두 사람 중 한 사람이 '선생'의 역할을 맡게 되면 다른 사람에게는 자동으로 '학습자'의 역할이 부여된다. 마찬가지로 '전문가'의 역할은 다른 사람을 '비전문가'의 역할로 내려놓는다. 프랫카니스의 관찰에 의하면 상대방을 전문가의 위치에 올려놓으면 역설적으로 외부의 설득에 대한 저항력이 약화된다.

자동차 판매원이 구매 결정을 못하고 망설이는 고객에게 "선생님은 운전하는 것이 직업이시니 차에 대해 저보다 훨씬 더 잘 아시겠지요. 그러니 이 차의 브레이킹 시스템이 다른 차에 비해 뛰어나다는 사실이 얼마나 중요한지는 새삼 설명할 필요 없겠지요?"라고 말하는 이유는 고객을 전문가의 위치에 올려놓기 위함이다. 고객이 전문가라는 권위 있는 역할을 유지하기 위해서는 자동차 판매원의 주장에 동의해야 함은 물론이다. 이런 경우 대부분의 고객은 전문가의 역할을 구매 결정과 맞바꾼다.

자기설득은 훌륭한 교육 방법이다

●

자기설득은 교육의 새로운 방향을 제시한다. 전통적인 교육 방식은 징계와 보상의 원칙에 기초하고 있다. 그러나 최근 연구에 의하면 체벌이나 정학 같은 징계를 통해 공포를 유발시키는 교육 방식은 오히려 학습 성과를 떨어뜨린다. 매력적인 인센티브를 통해 학습 동기를 유발하는 보상 중심의 교육 방식은 단기적으로 효과가 있을 뿐이다. 장기적으로 바람직한 교육 효과를 원한다면 자기설득에 기초해 변화를 꾀해야 한다.

교육 내용의 기억 효과 측면에서도 자기설득에 기반을 둔 교육 방법은 월등히 우수한 결과를 보여준다. 실제로 미국 행동과학연구소 NTL(National Training Laboratories)에서 발표한 '학습 피라미드'에 따르면 강의를 통해 학습한 사람의 경우 24시간 이후에는 내용 중 5퍼센트를 기억했고, 읽기를 통해 학습한 경우 10퍼센트를 기억했다. 이에 비해 체험 학습이나 배운 내용을 상대방에게 가르치기 등 적극적인 행동을 요구하는 학습법의 경우 사람들이 학습 내용의 최대 90퍼센트를 기억하는 것으로 나타났다. 무려 18배의 기억 효과 차이가 나타난 것이다.

앞서 말한 것처럼 사람들은 내부적 태도가 행동을 결정한다고 믿지만 자기설득 이론은 정반대의 주장을 한다. 그러므로 교육자가 해야 할 일은 학생들에게 교육적으로 바람직한 행동을 하게 만든 다음 그러한 행동이 자신의 내적인 동기에 따라 행해졌음을 믿고 스스로를 설득하도록 유도하는 것이다.

자기설득의 원칙을 적극적으로 이용하는 교육 현장의 모습을 보여주는 사례들을 살펴보자.

수업을 시작하기 전에 학생들에게 두 개의 줄 중 하나를 선택하도록 한다. 하나는 '학습 준비 완료' 줄이고 다른 하나는 '말썽꾸러기' 줄이다. 이 경우 대부분의 학생들은 '학습 준비 완료' 줄 앞에 설 것이며, 이러한 결정은 학업 태도에 긍정적인 효과를 가져다준다.

학생들에게 다음과 같은 질문을 한다. "1부터 10까지를 기준으로 할 때 네가 오늘 밤에 숙제를 할 가능성이 어느 정도라고 생각하니?" 만일 학생이 오늘 밤에 숙제를 할 거라고 높은 숫자를 선택하면 이어서 다음과 같은 질문을 던져 스스로를 설득하도록 만든다. "그렇게 생각하는 이유가 뭐지?" 학생은 주어진 숙제를 해가는 것이 얼마나 중요한지를 자세하게 설명할 것이며 그 과정에서 스스로를 설득해 그날 밤늦게까지 숙제를 할 것이다.

수업이 시작되기 전에 학생들로 하여금 그 시간의 학습 목표를 스스로 작성하게 만든다. 그리고 수업이 끝나면 그러한 학습 목표를 얼마나 달성했는지 스스로 평가하도록 한다. 스스로 세운 학습목표에 따라 수업을 마친 학생은 자신을 매우 자랑스럽게 생각하며 더욱 바람직한 방향으로 학습목표를 상향 조정할 것이다.

넛지해
저절로 움직이게 하라

18

더불어 여러분께도 간곡히 피맺힌 마음으로 말씀드립니다. '행동하는 양심'이 됩시다. 행동하지 않는 양심은 악의 편입니다.

김대중 전 대통령이 6·15 공동선언 9주년 기념식에서 한 연설문이다. 그는 누구든 사람의 마음속에는 양심이 있다고 말한다. 그렇지만 옳은 줄 알면서도 무서우니까, 시끄러우니까, 손해보니까 사람들이 행동하지 않는다고 지적한다. 방관하는 것도 악의 편이라는 그의 매서운 꾸짖음에 사람들은 깜짝 놀라 자신의 양심을 돌아볼 것이다. 어떻게 해야 양심이 행동하도록 만들 수 있을까?

안전벨트 착용하기, 음주 운전 안 하기 같은 수많은 공익 캠페인 역시 같은 문제에 봉착한다. 사람들은 어떤 행동이 사회적으로, 개인적으로 바람직한지 잘 알고 있다. 문제는 실제로 그러한 행동을 취하도록 설득하는 것이다.

미국의 심리학자 폴 바츨라빅(Paul Watzlawick)[16]과 그의 동료들은 문제 인식과 문제해결에 관한 책에서 1차원적 변화 대응과 2차원적 변화 대응을 구별해 소개한다. 1차원적 변화 대응은 기존의 시스템 구조 안에서 변화를 통해 문제해결을 추구한다. 날씨가 추워지면 두꺼운 옷을 입어 추위에 대응하는 식으로 문제를 해결하는 것이다. 그러나 기온이 크게 내려가 아무리 두꺼운 옷을 입어도 혹한의 추위를 물리칠 수 없다면 1차원적 변화 대응은 더 이상 작동하지 않게 된다. 이런 경우 기존 시스템 구조 자체를 변화시키거나 아예 새로운 시스템 구조를 도입하는 2차원적 변화 대응을 모색해야 한다. 아예 추위가 없는 따뜻한 지방으로 거주지를 옮기는 식으로 말이다.

넛지 이론은 가장 소극적인 저항 형태인 무반응(inertia)에 적합한 2차원적 대응전략의 구체적인 방법론을 제시한다. 행동경제학자 리처드 세일러와 법률가 캐스 선스타인(Cass Sunstein)이 공저한 책 『넛지(Nudge)』에 의하면 팔을 강제로

잡아끄는 것과 같은 직접적인 개입보다 '넛지'라는 단어의 원래 의미처럼 팔꿈치로 툭툭 치는 것과 같은 부드러운 개입으로 특정한 행동을 유도하는 것이 어떤 경우 더 효과적이다. 좀 더 구체적으로 말하면 넛지는 직접적으로 저항에 대응하는 1차원적 개입 방식과는 달리 특정 시스템을 통해 원하는 행동을 유발시키는 2차원적 개입 방식을 사용해 저항에 대응하는 방법을 알려준다.

우리는 지금껏 인간은 합리적으로 사고하고 선택하며 행동한다고 믿어왔다. 그러나 지난 40여 년간의 행동경제학이라는 새로운 사회과학 분야 연구 결과들은 사람들이 내리는 판단과 의사결정의 합리성에 진지하게 의문을 제기한다.

고속도로 휴게실의 남자 화장실에 가면 간혹 소변기 중앙에 검은색 파리가 그려져 있는 것을 볼 수 있다. 이 파리는 네덜란드의 경제학자 아드 키붐(Aad Kieboom)의 작품으로 암스테르담에 있는 스키폴공항에 처음 도입되었다. 이 파리는 남성들이 소변을 보면 소변기 주변이 지저분해지는 문제를 해결하기 위한 것이다. 검은색 파리가 그려져 있는 소변기는 남성들로 하여금 목표물에 명중시키고자 하는 동기를 유발시킨다. 자연히 소변은 소변기의 중심을 향하게 되고 그 결과 소변기 주변이 깨끗해진다. "적중률이 매우 높아졌습니다. 파리를 맞추고자 정중앙에다 소변을 보니까요." 키붐의 말이다. 그의 팀 조사에 의하면 이 파리 그림은 변기 밖으로 튀는 소변의 양을 80퍼센트나 감소시켰다.

넛지 전문가들은 키붐 같은 사람들을 '선택 설계자(choice architect)'라고 부른다. 선택 설계자는 사람들의 의사결정의 배경이 되는 시스템을 만드는 사람을 말한다. 넛지 이론에 의하면 선택 설계 시스템은 크게 세 가지 유형으로 분류할 수 있다. 지금부터 하나씩 살펴보자.

정보 제공

●

넛지를 통해 저항을 악화시키는 첫 번째 방법은 우리에게 어떤 행동이 바람직한가에 대한 정보를 제공해 자신이 원하는 특정 행동을 유발시키는 것이다. 『설득의 심리학』을 저술한 로버트 치알디니에 의하면 사람들의 행동에 가장 큰 영향을 미치는 요소는 다른 사람들의 행동에 대한 정보다. 사회적 증거의 원칙이라는 이름으로 소개된 이 요소는 사회적으로 바람직한 행동에 저항하지는 않지만 아직 실행에 옮기지 않은 소극적인 사람들의 행동을 유발시키는 데도 매우 유용해 보인다.

예를 들어 미국 몬태나 주는 해당 주 대학생 81퍼센트의 음주량이 일주일에 맥주 네 병 이하라는 사실을 대규모 캠페인을 통해 사람들에게 홍보했다. 흡연에 대해서도 몬태나 주 청소년의 70퍼센트가 담배를 피우지 않는다는 사실을 알렸다. 이 같은 정보 제공 전략은 음주와 흡연에 대한 주민들의 사회적 인식을 바로잡는 데 크게 기여했으며 통계적으로도 흡연율이 현저히 감소했다.

에너지 절약을 위해서도 적절한 정보 제공은 넛지의 역할을 한다. 미국 캘리포니아 주의 300여 가구는 그 전 주에 해당 가구가 사용한 에너지 소비량이 어느 정도인지 통보받았다. 이

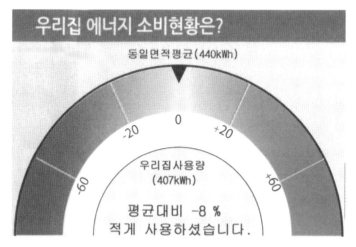

우리집 에너지 소비현황은?

동일면적평균(440kWh)

-20   0   +20

-60   +60

우리집사용량
(407kWh)

평균대비 -8 %
적게 사용하셨습니다.

한국의 아파트 관리비 고지서

들에게는 이웃들의 평균 에너지 소비량도 같이 주어졌다. 타인의 에너지 소비량에 대한 정보는 즉각적이고도 분명한 효과가 있었다. 정보를 제공한 후 그다음 주부터 평균 이상의 에너지를 사용한 가구들의 소비량은 현저하게 줄었고, 동시에 평균 이하의 에너지를 소비하던 가구의 소비량이 크게 늘었다. 자신과 비슷한 이웃들의 에너지 소비량에 대한 정보가 즉각적인 행동 변화를 이끌어낸 것이다. 한국의 아파트에서도 이웃들의 평균 에너지 소비량과 해당 가구의 에너지 소비량을 함께 보여주고 있다.

디폴트 시스템의 도입

●

넛지를 통해 저항을 약화시키는 두 번째 방법은 바람직한 행동을 유발하는 디폴트 시스템을 도입하는 것이다. 장기 기증에 대한 사례를 바탕으로 디폴트 시스템의 유용성을 살펴보자.

2014년 9월 10일 첫 방송된 드라마 〈내 생애 봄날〉은 "지금부터 난 우리에게 찾아왔던 아름다운 기적에 대해 이야기하려고 한다"라는 감우성의 내레이션으로 시작된다. 이 드라마에서 이봄이는 장기이식 수술을 받고 새로 태어났다. 이봄이는 침대에서 일어나 "고맙습니다. 오늘도 열심히 살겠습니다"라며 환하게 웃는다. 〈내 생애 봄날〉은 시한부 인생을 살다가 장기 이식을 통해 새 심장을 얻은 여자와 심장을 기증한 여인의 남편이 만나 특별한 사랑을 하는 멜로드라마다. 드라마에서는 주인공이 장기이식 수술을 받는 데 성공하지만 현실은 다르다.

장기 기증자가 나타나기만을 기다리는 이식 대기자 수가 증가하고 있지만 기증자는 크게 부족한 것이 현실이다. 보건복지부 질병관리본부에 따르면 2015년 이식 대기자 수가 2만 7444명인데 비해 장기 기증자 수는 2565명으로 턱없이 부족하다. 장기 기증에 대한 통계 자료를 보면 2014년 한국의 인구 100만 명당 뇌사 기증자 수는 9.0명으로 스페인(35.9), 크로아티아(35.1), 미국(27.0)보다 한참 부족하다. 장기기증본부의 노력에도 불구하고 한국의 장기 기증자 수는 여전히 답보 상태에 놓여 있다. 어떻게 하면 한국의 장기 기증률을 높일 수 있을까?

2003년에 발표된 한 논문을 보면 호주나 오스트리아의 장기 기증률은 100퍼센트에 가깝지만 독일은 12퍼센트, 스웨덴은 86퍼센트, 덴마크는 4퍼센트에 불과했다. 왜 국가별로 이처럼 장기 기증률이 큰 차이가 나는 것일까? 특히 독일과 오스트리아는 지리적으로도 인접해 있으며 역사, 문화적으로도 유사성이 높은데 왜 유독 장기 기증률에서는 엄청난 차이를 보이는 것일까?

그 이유를 우리는 장기 기증에 대한 디폴트 시스템에서 찾게 된다. 장기 기증률이 높은 국가에서는 기증을 원하지 않는 사람들이 그 뜻을 직접 표시해야 하는 '선택적 거절(opt-out)' 양식을 사용하고 있다. 이 양식을 제출하지 않는 사람들은 자동적으로 장기 기부 의사가 있다고 분류된다. 반면에 장기 기증률이 낮은 국가는 '선택적 동의(opt-in)' 양식을 채택하고 있다. 즉 장기 기증을 원하는 사람들은 별도의 양식을 작성해야 한다.

이 차이가 국가별 장기 기증률의 커다란 편차를 만들고 있다. 프랑스가 2017년부터 별도의 장기 기증 기피 등록을 하지 않으면 모든 사망자를 장기 기증자로 간주하는 새로운 법을 시행하기로 결정했다는 사실은 넛지 시스템이 장기 기증에 대한 훌륭한 해결책이 될 수 있음을 분명하게 시사한다.

『넛지』의 저자들이 소개한 '점진적 기부 증대'라는 개념 역시 디폴트 시스템의 힘을 여실히 보여준다. 이 개념은 '점진적 저축 증대'의 개념을 모방해 만들어졌다. 자신이 선호하는 자선 단체에 소액의 금액을 기부하고 있는 사람들에게 기부 단체는 해마다 기부금을 조금씩 늘려나갈 의향이 있는지를 사전에 확인하고 동의를 받는다. '선택적 거절'을 하고 싶은 사람들은 언제든 전화 한 통화로 혹은 짤막한 메일 한 통으로 해지할 수 있다. 이 점진적 기부 증대 프로그램은 과연 얼마나 효과적일까? 잡지 자동갱신이라는 디폴트 시스템을 선택한 사람들의 대다수가 읽지도 않는 잡지를 오랫동안 구독하는 현상에 비춰볼 때 이 시스템 역시 매우 효과적일 것으로 예상된다.

즉각적인 피드백

선택 설계 시스템의 세 번째 형태는 바람직한 혹은 바람직하지 않은 행동에 대한 즉각적인 피드백을 제공하는 것이다. 에너지 절약 운동과 관련된 근본적인 문제는 에너지가 눈에 보이지 않기 때문에 많이 사용할 때도 그 사실을 인식하지 못한다는 점이다.

미국의 창의적인 회사 서던캘리포니아에디슨은 소비자에게 에너지 소비에 대한 즉각적인 피드백을 제공해 에너지 절약 운동에 공헌했다. 이 회사는 자사 고객들에게 '앰비언트 오브(Ambient Orb)'라고 불리는 작은 공 모양의 도구를 제공했다. 앰비언트 오브는 고객이 에너지를 많이 사용하면 붉은 빛이 들어오고 에너지 사용량이 적절할 때에는 녹색 빛이 들어오도록 설계됐다. 에너지 사용량에 대한 즉각적인 피드백을 제공하는 이 도구를 사용한 사람들은 몇 주 만에 에너지 사용량을 최대 40퍼센트까지 줄였다. 각 가정의 에너지 사용량을 페이스북 같은 공공장소에 공개하면 선의의 경쟁을 통해 에너지 소비량을 더욱 획기적으로 줄일 수 있을 것이다. 물론 프라이버시 문제로 얼마나 많은 소비자가 그런 아이디어에 공감할지 모르겠지만 말이다.

즉각적인 피드백을 제공해 바람직한 행동을 유발시키는 장치들은 기술 혁신을 통해 해마다 더욱 정교해지고 있다. 최첨단 자동차에 장착되어 있는 파란색의 에코 버튼도 그중 하나다. 운전자가 적정 속도를 넘어 과속을 하면 이 에코 버튼의 파란 빛이 사라진다. 이를 보고 운전자가 감속하여 에너지 절약을 위한 최적의 속도로 돌아오면 다시 파란 빛이 들어온다. 한 연구에 의하면 이 에코 버튼은 연비를 5~10퍼센트 향상시켜 에너지 절약에 효과적이다. 이처럼 즉각적인 피드백은 사람들의 행동을 시스템 설계자가 원하는 방향으로 변화시키는 데 탁월한 효과가 있다.

넛지 시스템의 장점은 일방적 명령이나 지시로 사람들을 움직이게 만드는 것이 아니라는 점이다. 학생들의 건강을 걱정해 학교 급식으로 햄버거나 피자를 금지하는 법령을 만드는 것은 넛지가 아니다. 급식 순서에 몸에 해로운 음식보다 과일이나 채소를 먼저 배치하고, 보다 눈에 잘 띄는 곳에 배치해 학생들이 자발적으로 과일이나 야채를 더 많이 섭취하게 만드는 것이 넛지의 방식이다.

구글의 구내식당은 전 세계 음식을 24시간 무료로 제공하기로 유명하다. 독일 작가 멜라니 뮐(Melanie Muhl)과 다이애나 폰 코프(Diana von Kopp)가 쓴 책『음식의 심리학(Die Kunst des klugen Essens)』에 의하면 구글은 제어하지 않은 듯 제어한 식당 환경을 만들었다. 식당에 들어섰을 때 가장 먼저 샐러드 바가 눈에 띄게 하고, 음식을 담을 때 작은 접시를 쓰게 하는 등의 넛지 방식을 사용해서 말이다.

넛지가 항상 바람직한 사회적 행동을 유발시키기 위해 사용되는 것은 아니다. 대형 마트에서도 넛지는 보이지 않게 우리의 행동을 결정한다. 앞서 소개한 책에 따르면 소비자들이 매일 소비하는 유제품들은 대형 마트 맨 뒤편에 위치한 냉장 칸에서 찾을 수 있다. 그곳에 있는 유제품을 사기 위해 수많은 진열 상품을 지나면서 소비자들이 충동구매를 하기를 기대하기 때문이다.

넛지는 무대응으로 저항하는 사람들을 대상으로 보다 바람직한 사회적 행동을 유발시키는 매우 유용한 전략적 도구가 될 수 있지만 경우에 따라서는 눈 뜨고 코 베어가는 도구가 될 수 있음을 기억해야 할 것이다.

4부

저항으로
설득을 이기는 법

설득의 목표가 상대의 태도를 변화시키는 것이 아니라 상대가 갖고 있는 기존 태도를 유지하고 강화하는 것일 수도 있다. 예를 들어 어려서부터 담배가 얼마나 백해무익한 것인지 귀가 따갑도록 들어 이미 담배를 피울 생각이 전혀 없는 아들에게는 그러한 태도를 계속 유지하게 만들기 위해 흡연에 대한 유혹에 저항하는 능력을 키워줘야 할 것이다. 설득 전문가들은 저항을 이기는 전략과 함께 저항으로 설득을 이기는 전략도 알려준다.

4부에서는 설득자의 입장이 아니라 설득에 저항하는 사람들에게 유용한 다양한 전략을 소개한다. 출발점은 현상에 대한 파악이다. 우리의 저항 능력이 어느 수준인지를 아는 것이 저항 작업의 첫걸음이다(19장). 저항하고 싶어도 방법을 제대로 아는 사람은 그리 많지 않다. 다행히도 학자들은 저항의 구체적인 방법론을 제시한다(20장).

저항력을 키우는 가장 확실한 방법은 예방접종을 하는 것이다(21장). 수사학적 질문은 그 자체로 저항 효과를 낳는다는 흥미로운 주장에도 귀를 기울여볼 필요가 있다(22장). 마지막 장에서는 상대의 요청을 거절할 때 사용할 수 있는 언어 유형을 소개한다(23장). 우아한 말로 근사하게 거절하고 싶은 사람들에게는 매우 소중한 지침이 될 것이다.

나는 얼마나
저항할 수 있는가

19

지피지기 백전불태

知彼知己 百戰不殆

『손자병법(孫子兵法)』모공편에 나오는 말로 자신과 상대방이 처한 상황을 잘 알면 백번 싸워도 위태로울 것이 없다는 뜻이다. 지금까지 우리의 저항을 약화시키기 위해 마케터, 정치인 혹은 협상 파트너들이 사용할 수 있는 다양한 설득 기법에 대해 알아봤다. 적이 사용할 수 있는 무기의 종류 및 성능에 대해 어느 정도 파악한 셈인 것이다. 그럼 '지피'를 넘어서서 '지기'에 대해서도 생각해보자.

상대방의 설득 시도에 저항하고자 할 때 우리는 어떤 무기를 사용할 수 있을까? 우리의 무기는 어떤 상황에서 최적의 결과를 낳을까? 이런 질문에 답하기 전에 우선적으로 필요한 작업은 스스로의 저항 능력을 테스트하는 것이다. 내가 저항할 준비가 얼마나 되어 있는지 아는 것은 거절의 힘을 키우는 첫걸음이다.

설득 전문가의 도움이 없어도 우리는 경험을 통해 저항에 개인차가 있다는 사실을 쉽게 알 수 있다. 즉 어떤 사람은 설득 주제나 상황에 관계없이 쉽게 설득당하는 반면에 어떤 사람은 어떤 상황에서도 설득하기가 쉽지 않다. 설득에 저항하지 못하고 쉽게 설득당하는 사람들은 백화점의 판매사원 같은 설득 전문가들의 손쉬운 먹잇감이 된다. 그렇다면 나의 저항 능력은 어느 정도일까?

전통적으로 개인의 저항 능력은 성격 측면에서 연구되어왔다. 권위주의나 독단주의 성향이 높은 사람들은 대체적으로 설득이 용이하지 않은 사람으로 간주되었다. 그러나 최근에는 저항 능력 테스트를 위한 훌륭한 이론적 토대로서 인지심리학에 기초한 메타인지(meta-cognition) 이론이 등장했다. 메타인지 이론은 심리학에서 100대 연구 과제 중 하나로 선정될 정도로 폭넓은 관심을 받은 영역으로 생각에 대한 인지적 관점에서 접근한 연구를 말한다.

이 분야의 대표 연구자인 아우토노마대학 심리학자 파블로 브리뇰(Pablo Brinol)[17]과 그의 동료들은 스스로가 설득 메시지에 얼마나 저항할 수 있는가에 대한 우리의 생각을 RTP(resistance-to-persuasion)라는 척도를 통해 측정한다. 다음 표의 RTP 척도를 통해 우리의 저항 능력을 테스트해보자.

RTP를 통해 얻은 결과에 대해 어떻게 생각하는가? 동의하는 사람도 있고 부인하는 사람도 있을 것이다. 동의 여부에 상관없이 더욱 흥미로운 것은 RTP 점수와 실제 저항 결과와의 관계일 것이다. RTP가 높으면, 다시 말해 스스로 저항을 잘한다고 생각하면 실제로 설득 메시지에 저항을 잘할까? 메타인지 연구자들의 설명을 들어보자.

브리뇰과 그의 동료들은 자신이 설득 메시지에 어느 정도 저항할 수 있다고 생각하는지(RTP)가 실제로 설득 효과에 어떤 영향을 미치는지 알아보기 위한 실험을 진행했다. 일련의 실험을 체계적으로 진행한 결과 연구자들은 자신이 설득당하기 쉬운 사람이라고 믿는 사람들은 설득 메시지에 낮은 수준의 저항을 보인다는 사실을 알게 되었다. 반면에 자신은 쉽게 설득당하는 사람이 아니라고 믿는 사람들은 설득 메시지에 성공적으로 저항했다. 하지만 이러한 결과는 오로지 설득 메시

설득 저항 능력 테스트를 위한 메타인지 측정

	질문	전혀 그렇지 않다	그렇지 않다	그저 그런 편이다	그렇다	매우 그렇다
1	나는 내 신념을 철저하게 지킨다	1	2	3	4	5
2	나는 내 신념을 분명하게 이해하고 있다	1	2	3	4	5
3	나는 내 생각을 쉽게 바꾸지 못하는 편이다	1	2	3	4	5
4	나는 토론을 통해 내 생각을 결정하면 나중에 그 생각을 절대 바꾸지 않는다	1	2	3	4	5
5	나는 내 의견이 때때로 바뀌는 것을 경험한다	1	2	3	4	5
6	다른 사람들과 토론할 때 나는 항상 내가 옳다는 생각을 갖고 있다	1	2	3	4	5
7	남이 내 태도를 변화시키는 것은 어려운 일이 아니다	1	2	3	4	5
8	나는 새로운 정보가 발견되면 그에 따라서 내 생각을 바꾸거나 변화시키는 편이다	1	2	3	4	5
9	나는 일단 어떤 대상에 대해 첫인상을 형성하면 그 인상을 쉽게 바꾸지 않는다	1	2	3	4	5
10	내 생각은 견고하고 시간이 지나도 변하지 않는다	1	2	3	4	5
11	나는 대부분의 경우에 내 생각을 바꿔본 적이 전혀 없다	1	2	3	4	5
12	나는 내 생각이 대체적으로 옳다고 믿고 있다	1	2	3	4	5
13	내 의견은 상황에 따라 변화가 심하다	1	2	3	4	5
14	나는 내 태도가 정말 옳은 것인지 확신이 없는 편이다	1	2	3	4	5
15	필요하다면 나는 내 신념을 어렵지 않게 바꿀 수 있다	1	2	3	4	5
16	나는 내 의견을 바꾼 적이 많다	1	2	3	4	5

채점 방법

1. 1단계: 설문 문항 1, 2, 3, 4, 6, 9, 10, 11, 12에 대한 답을 모두 더한다.

2. 2단계: 설문 문항 5, 7, 8, 13, 14, 15, 16에 대해서는 1 → 5, 2 → 4,

   3 → 3, 4 → 2, 5 → 1로 변환한 다음 답을 모두 더한다.

3. 1단계의 합과 2단계의 합을 모두 더해 최종 점수를 확인한다.

4. 가능한 점수의 범주는 최소 16부터 최고 80까지다.

최종 점수

1단계 합 _____

2단계 합 _____

최종 점수_____

결과 분석

42점 이하: 자신의 저항력에 대해 아주 부정적인 자의식을 갖고 있다.

43~51점: 저항에 대한 자신감이 부족하다.

52~60점: 그런대로 긍정적인 자신감이 있다.

61점 이상: 저항에 대한 자신감이 크다.

지에 대한 사람들의 관여도가 낮은 경우에만 해당되었다.

그렇다면 광고 등의 상업적 메시지나 사람들이 별 관심이 없는 주제와 관련한 설득 메시지의 효과는 RTP 점수가 낮은 사람들에게서 더욱 클 것임을 예상할 수 있다. 자신의 RTP 점수가 낮은 사람들은(예를 들어 42점 이하) 광고나 홈쇼핑 채널 시청 상황에서 설득당하지 않도록 더욱 경계할 필요가 있다. 쉽게 설득당하지 않기 위해서는 자의식의 변화가 필요하다. 특히 RTP가 낮은 사람들은 스스로 최면을 걸어보자. 나는 절대로 만만하게 설득당하지 않는다고. 저항 능력이 순식간에 커질 것이다.

저항법도
문화마다 다르다

20

Homo Resistance

'호모 레지스탕스(저항하는 인간)'라는 말은 저항이 인간의 본성 중 하나라는 사실을 잘 보여준다. 사회과학자들의 최신 연구에 의하면 우리 몸에는 기본적으로 저항의 코드가 뿌리 깊게 새겨져 있는 것처럼 보인다. 우리가 상대방의 설득 의도에 얼마나 자동적으로 저항하는지를 연구 결과를 통해 살펴보자.

브랜드와 슬로건에 대한 소비자 반응에 초점을 맞춘 연구에서 마이애미대학 경영대학원 교수인 줄리아노 라란(Juliano

Laran)[18]과 그의 동료들은 브랜드의 암묵적 점화 효과(implicit priming effect)를 알아보는 일부터 시작했다. 사람들에게 애플의 브랜드 로고를 보여주니 그들은 더욱 창의적으로 반응했다. 비슷한 이치로 월마트의 로고는 사람들을 더욱 절약하게 만들었다. 다시 말해 애플이나 월마트의 로고는 사람들로부터 거기 담긴 메시지에 부합하는 행동을 이끌어낸 것이다.

연구자들에 의하면 기업의 브랜드 로고는 소비자들에게 설득의 목적을 지니지 않는 존재로 간주된다고 한다. 다시 말해 브랜드 로고는 마치 사람들의 이름처럼 취급되기에 소비자들은 특정 브랜드 로고에 노출되면 아무런 저항 없이 그러한 로고와 연계되는 행동을 취하는 암묵적 점화 효과가 나타나는 것이다.

하지만 기업 슬로건의 경우에는 정반대의 결과가 나왔다. 소비자들에게 슬로건은 본질적으로 설득의 목적을 띠는 상업적 장치로 인식된다. 월마트 로고가 아닌 "아껴야 잘산다(Save money. Live better)"라는 월마트의 슬로건에 노출된 소비자들은 오히려 심리적으로 그에 반발해 슬로건의 내용과는 정반대로 과소비를 하게 된다는 것이다. 라란과 동료들의 연구에 의하면 이러한 효과는 거의 무의식적인 수준에서 자동적으로 이뤄진다. 사람들이 자신의 행동에 영향을 주려는 외부의 설득

브랜드와 슬로건

의도에 얼마나 크게 저항하는지 이 연구를 통해 분명히 알 수 있다.

예의범절과 조화의 미덕을 강조하는 유교적 전통에 익숙한 한국에서는 상대방에게 드러내놓고 저항하는 것은 쉬운 일이 아니다. 미국 포드연구소가 16개국 소비자 8000명(국가당 500명)을 조사해 최근 발간한 미래보고서에 따르면 "타인의 기분을 상하게 하더라도 자신이 반대한다고 말할 것인가?"란 질문에 한국인들은 45퍼센트만 그렇게 하겠다고 답했다. 이 수치는 16개 조사국 중 최저치에 해당한다. 전 세계 소비자들의 평균은 60퍼센트로 한국 평균보다 훨씬 높았다.

나는 대학생들을 대상으로 실제로 자신이 소중하게 여기는 신념이 공격당하면 어떤 식으로 저항하느냐고 물은 적이 있다. 그 결과 대학생들의 저항 관련 답변 중 저항과 전혀 관련 없는 내용이 전체의 3분의 2가 넘었다.

저항을 설득 과정에서 필연적으로 발생하는 현상이라고 인식하는 서양에서는 일상생활의 한 부분일 정도로 자연스러운 것이지만 저항에 대한 교육을 받은 적도 없고 그에 대해 한 번도 심각하게 고민해본 적이 없는 한국 대학생들에게는 저항에 대해 생각해보라는 내 요구가 매우 낯설고 어려운 것이었을지도 모르겠다.

사람들이 외국어를 배울 때 처음부터 완전한 문장을 구사하려고 애쓰지는 않는다. 간단한 단어 사용이 외국어 구사의 시작이다. 단어를 모르면 문장을 만들 수 없다. 저항도 마찬가지다. 저항의 방법론을 아는 것은 외국어의 단어를 암기하는 것과 같다. 일단 사람들이 어떻게 저항하는지 그 기본 단어만 알면 이제 그를 어떤 문맥에서 사용해야 적절할 것인지 생각하는 문장 차원의 고민을 하게 된다.

최근 사회과학자들이 정리한 저항의 방법론을 살펴보자.

보고 싶은 것만 보고, 듣고 싶은 것만 듣는다

우리는 인간이 이성적이고 합리적인 존재라고 믿고 싶어 하지만 최근의 인지과학 연구 결과를 보면 현실은 전혀 그렇지 않은 것 같다. 사람의 정보처리 과정에서는 다양한 오류와 편견이 발견된다. 인간이 정보를 공정하게 객관적으로 처리하지 않는 이유는 자기방어를 위해서다. "그럴 리가 없어!" "말도 안 돼" "누가 그런 터무니없는 소리를 하니!" 등의 표현들은 모두 바람직하지 않은 현실로부터 자신을 보호하려는 말들이다.

특히 선택성(selectivity)이란 현상은 심리학자들이 오래전부터 주장해온 대표적인 자기방어기제다. 정보처리 과정에서 사용할 수 있는 선택성의 무기는 선택적 노출, 선택적 경청, 선택적 지각 등 다양한 모습을 띤다. 그중 선택적 노출은 가장 소극적인 저항 방법이다. 사람들은 자신이 설득당할 가능성이 있는 상황을 아예 만들지 않거나 그러한 상황을 피하는 것으로 저항한다. 자신이 보수적이라고 생각하는 사람들은 진보적인 성향을 띠는 신문이나 잡지를 아예 구독하지 않거나 진보적인 성향의 사람과는 아예 만나지도 않는 방식으로 기존 태도를 유지한다. 반대로 진보적인 사람들은 "조중동 안 봐요!"

라고 말한다.

마케팅 상황에서도 예를 들어 설득 심리와 관련한 다양한 지식으로 무장한 자동차 판매원을 아무런 대책 없이 혼자 만나는 것은 무모한 짓이다. 자신이 불리한 위치에 있다고 판단될 때는 상대방과의 만남을 차단하는 선택적 노출이 훌륭한 저항의 도구가 될 수 있다.

두 번째 방법은 선택적 경청 전략이다. 커뮤니케이션 학자들의 연구에 의하면 우리는 하루의 70퍼센트를 커뮤니케이션 목적의 활동에 사용한다. 전체 커뮤니케이션 활동은 듣기(45퍼센트), 말하기(30퍼센트), 읽기(16퍼센트), 쓰기(9퍼센트)의 비율로 구성된다. 이러한 결과에 의하면 커뮤니케이션 활동에서 듣기는 말하기보다 더욱 중요한 위치에 있다고 볼 수 있다. 학자들은 청취(hearing)와 경청(listening)을 구분한다. 뇌가 귀에 들리는 모든 청각적 정보를 처리하는 것은 아니다. 경청을 위해서는 청취보다 훨씬 높은 수준의 에너지 활동이 요구된다.

이를 위해 선택적 경청은 자연스레 우리의 일상적인 저항 행동의 하나가 된다. 사람들은 자신이 동의하지 않거나 흥미가 없거나 중요하지 않다고 판단되는 정보에 대해서는 거의 자동적으로 선택적 경청이라는 반응을 보인다. 잘못을 저지른 아이를 앞에 두고 엄마가 아무리 야단을 쳐도 아이는 듣는 척만 할 뿐이다. 아이가 말대꾸하지 않는다고 해서 반성하고 있다고 생각하면 오산이다. 아마도 아이는 십중팔구 선택적 경청이라는 아주 훌륭한 저항 전략을 사용하고 있을 것이다.

세 번째 방법인 선택적 지각은 인간의 본성과 관련이 있다. 권투 선수 홍수환은 한 신문과의 인터뷰에서 권투 시합이 끝나고 판정을 기다릴 때면 자기가 때린 것만 기억났다고 말한 바 있다. 학자들의 설명에 의하면 인간의 정보처리 과정은 객관성과는 전혀 거리가 멀다. 사람들은 특정 주제와 관련된 자신의 의견을 제한된 정보에 의존해 결정한다. 나중에 자신의 기존 의견과 상충되는 과학적 정보에 노출되더라도 그 정보를 편향되게 처리해 스스로를 보호한다. 예를 들어 커피에 포함된 카페인이 몸에 해로우니 커피 섭취를 줄여야 한다는 의학 보도를 접해도 커피 애호가들은 전혀 개의치 않는다. 그들은 커피가 건강에 도움이 된다는 정보 역시 충분히 지니고 있으므로 자신의 기존 입장과 상충되는 새로운 정보의 의미를 손쉽게 왜곡시킨다.

또 다른 예로 정치적 신념이 강한 사람들을 설득하는 것은 불가능에 가깝다. 그들은 자신의 정치적 신념에 반대되는 어떤 사실, 의견, 주장도 거부하기 때문이다. 정치 커뮤니케이션에서 자주 언급되는 '확증 편향'이란 용어는 이처럼 정보의 정확성이나 객관성과 무관하게 자신에게 유리하거나 자신의 생각과 일치하는 정보만 선택적으로 수집하고 이를 무비판적으로 수용하는 성향을 가리킨다. 인간은 보고 싶은 것만 보고(선택적 노출), 듣고 싶은 것만 듣고(선택적 경청), 믿고 싶은 것만 믿는(선택적 지각) 저항의 존재인 것이 틀림없다.

반론을 제기하고 사회적 증거를 제시한다

상대방의 설득 시도에 저항하는 가장 확실한 정공법은 메시지를 사용하는 이성적 접근 방법이다. 그 전략의 하나인 반론제기는 자신을 설득하려는 메시지의 논리에 직접적으로 반박하는 논리를 제시해 저항하는 것을 말한다.

미국에서는 매년 전국 대학생들을 대상으로 토론대회를 연다. 이 대회를 보면 토론에서 적절한 반론제기가 얼마나 중요한지 여실히 느낄 수 있다. 예를 들어 누가 하루 세끼를 먹는 것이 영양 과잉으로 사람들을 살찌게 한다고 주장하면 상대방은 하루 세끼를 먹는 것 자체가 문제가 아니라 세끼를 통해 섭취하는 총열량이 문제라고 논리적으로 반박한다. 그러면 최초로 문제를 제기한 사람은 반론을 재반론한다. 이러한 과정에서 사용한 증거와 논리의 타당성을 심사해 최종 승자가 결정된다. 민주주의는 토론을 통해 완성된다.

그리스 아테네시대부터 사람들은 자유로운 의견 제시와 공적인 토론을 통해 완전한 시민사회를 만들 수 있다고 믿었다. 반론제기 능력은 저항의 목적뿐 아니라 성숙한 민주주의를 위해서도 필수적으로 요구되는 덕목이다.

경우에 따라서는 설득 메시지의 논리에 직접적으로 반박하는 대신에 자신의 기존 태도를 강화하는 새로운 생각들을 추가로 제공함으로써 저항할 수 있다. 예를 들어 한국의 경제적 성장을 위해 원자력 발전은 지속되어야 한다는 주장에 대해 경제적 관점에서 직접적으로 반론을 제기하는 대신에 일본 후쿠시마 원전의 경우처럼 한국의 원전도 지진이 나면 위험할 수 있다는 생각을 추가하여 원자력 발전은 중단되어야 한다는 기존의 생각을 고수하는 전략을 '태도강화'라고 한다. 이 전략 역시 반론제기 못지않은 상당한 양의 에너지를 필요로 한다. 학자들은 사람들이 어떤 상황에서 반론제기 전략을 선택하고 또 어떤 상황에서 태도강화 전략을 선택하는지 알아보기 위해 현재 다양한 연구를 진행하고 있다.

마지막으로 사회적 증거 제시 전략은 자신의 기존 태도와 동일한 태도를 갖고 있는 주위 사람들을 저항의 도구로 사용하는 것이다. 예를 들어 담배를 피우지 않으면 남자답지 못하다는 또래 집단의 압력에 자신과 친한 친구들은 모두 담배를 피우지 않는다는 말로 저항하는 것을 말한다.

화를 내거나 정보원을 폄하한다

설득 메시지를 전달하는 정보원에 대한 저항 전략 역시 다양하게 찾아볼 수 있다. 먼저 부정적 정서는 설득 상황에서 감정적으로 화를 내거나 짜증을 내는 등의 부정적 감정으로 대응해 정보원에게 저항하는 전략을 말한다. 예를 들어 대학 경쟁력을 높이기 위해 등록금을 올려야 한다는 주장에 버럭 화를 내면서 "그딴 소리는 고려할 가치가 하나도 없어"라고 거칠게 감정적으로 반응하는 것을 부정적 정서 전략이라고 부른다. 감정의 표출은 상황에 대응하는 인간의 본능적 반응이다. 분노는 목표 지향성이 있는 감정이다. 분노라는 감정을 통해 우리는 화나게 만드는 존재가 누구인지 분명히 인식하게 된다.

더 나아가 정보원 폄하는 자신을 설득하려는 메시지를 전달하는 정보원을 비난하거나 정보원의 신뢰성과 전문성을 깎아

내리는 보다 적극적인 정보원에 대한 저항 전략을 가리킨다. 예를 들어 동성애자들의 인권은 보호할 필요가 없다는 주장에 "나는 자신의 생각만이 옳다고 믿는 사람은 정말 멍청이라고 생각합니다"라는 식으로 정보원을 폄하하는 반응을 말한다.

마지막으로 자신감 공표는 자신의 생각은 누구도 바꿔놓을 수 없다고 미리 선언함으로써 저항하는 전략이다. 예를 들어 자신을 설득하려는 사람에게 "자유와 평등에 대한 내 생각은 누가 무슨 말을 해도 바뀌지 않는다"라고 미리 공표함으로써 저항하는 경우를 생각해볼 수 있다. 이 전략은 자신의 저항력을 강조해 정보원과의 관계에서 상대적으로 유리한 위치를 차지하는 것이 목적이다. 이는 정보원 폄하보다는 소극적으로 정보원에게 저항하는 방법이다.

한국인은 논리보다 감정을 선호한다

이러한 저항의 다양한 방법들이 어떤 상황에서 어떻게 사용되고 있는지 밝히는 것은 학자들에게 매우 흥미로운 작업일 것이다. 이 분야의 대표 연구자인 노스캐롤라이나대학 그린즈버리 캠퍼스 줄리아 잭스(Julia Jacks)와 킴벌리 캐머런

(Kimberly Cameron)[19]은 다양한 유형의 저항 전략들 중 사람들이 어떤 전략을 가장 선호하는지 알아보기 위해 체계적인 연구를 실시했다. 그들의 연구 결과에 따르면 서양 사람들이 가장 선호하는 저항 전략은 메시지 대응 전략인 반론제기와 태도강화 전략이었다. 반면에 사회적인 관계 측면에서 가장 바람직하지 않은 방식인 정보원 폄하 전략은 그들이 가장 선호하지 않는 전략으로 나타났다.

나는 한국인들은 어떤 저항 전략을 가장 선호하고 어떤 전략을 가장 싫어하는지 알아보기 위해 잭스와 캐머런의 연구를 한국인을 대상으로 재현했다. 그 결과 매우 흥미로운 문화적 차이가 발견되었다. 한국인들이 저항의 목적으로 가장 선호하는 방법론은 정보원에게 감정적으로 반응하는 부정적 정서 전략이었다. 이 전략의 사용 빈도는 전체 저항 전략의 29.7퍼센트에 해당했다. 이 수치는 설득 내용에 대한 이성적 저항 전략의 합과 같았다(반론제기 전략 14.6퍼센트, 태도강화 전략 10.5퍼센트, 사회적 증거제시 전략 4.6퍼센트). 부정적 정서 전략을 포함한 정보원을 향한 저항 전략의 합은 전체의 절반에 가까운 43.8퍼센트에 이르렀다.

한국인들은 논리적인 말로 저항하기보다는 마음에 들지 않는 말을 하는 사람에게 감정적으로 저항하는 방식을 선호하는 것으로 보인다. 내 생각에 반대하는 사람을 만나면 일단 그 사람이 싫어지는 것이 우리 식의 저항 방식인가 보다. 자신의 생각에 반대하는 사람을 만나면 이성적으로 논리를 가다듬는 일보다 상대방의 부정적인 감정 표출에 더 주의해야겠다.

예방접종
하셨나요?

21

333 캠페인

하루에 세 번, 한 번에 3분 동안, 식후 3분 이내에.

위의 문구는 구강 건강 캠페인의 일환으로 만들어진 〈333 치아송〉의 일부다. 가사 내용처럼 대부분의 사람들은 식후에 이를 닦지 않으면 꺼림칙하게 생각한다. 그런데 누군가가 식후에 곧바로 이를 닦는 것은 좋은 생각이 아니라고 말한다면 어떻게 반응할까? 당연히 말도 안 되는 소리라고 일축할 것이다. 그렇지만 그 사람이 주장을 굽히지 않고 식후에 곧바로 이를 닦으면 치아가 빨리 손상되어 결국 건강에 더 해롭다는 최신 연구 결과를 제시한다면? 그래도 그 사람의 주장을 터무니 없다고 말할 수 있을까?

《머니투데이》의 '반전 상식'이라는 코너에 실린 기사를 보자. 이 기사를 보고 난 사람들은 333 캠페인에 대해 어떻게 생각할까?

평소 탄산음료를 즐겨 마시는 김 대리. 달콤하면서도 톡톡 튀는 맛을 즐기고 나면 슬그머니 충치 걱정이 드는 것도 사실. 탄산음료를 끊을 수 없었던 김 대리는 고육지책으로 '탄산음료 마시고 바로 이 닦기'를 실천하기로 했다. 탄산음료 마신 후 3분 내 양치를 실천한 지 며칠째. 어쩐 일인지 이가 콕콕 쑤셔 왔다. 양치질 3·3·3 법칙(하루 세 번, 식후 3분 내, 3분 동안 양치)에 따라 양치는 식후에 무조건 빨리하면 할수록 좋은 걸까?

탄산음료와 탄산수, 맥주, 와인 등의 음료는 산성을 띤다. 산도가 높은 과일과 설탕, 시럽 등이 든 과일 주스도 마찬가지다. 여름철 자주 찾는 냉면, 오이냉국 등 식초가 많이 들어가는 음식도 입안을 산성으로 만든다. 산성 음식을 섭취하면 입 안과 치아 표면이 산성으로 변한다. 산과 치약의 연마제가 섞이면 치아가 부식될 수 있다. 산성으로 변한 입 안은 식후 30분 후 자정작용을 통해 알칼리성으로 변한다. 이때 입 안을 물로 한 번 헹군 다음 양치질 하는 것이 가장 좋다.

1960년대에 윌리엄 맥과이어는 매우 흥미로운 주장을 한 바 있다. 사람들의 태도를 바꾸는 것은 쉬운 일이 아니다. 하지만 특정 태도는 의외로 쉽게 변화시킬 수 있다. 날마다 이를 닦는 것처럼 항상 진실이라고 믿어 한 번도 도전받지 않았던 태도가 거기 속한다. 의심의 여지가 없이 진실로 여겨왔던 태도나 신념은 반론에 부딪혀본 적이 없기 때문에 역설적으로 오히려 쉽게 변할 수 있다는 것이다.

따라서 자신이 중요하게 여기는 태도나 신념을 지키기 위해서는 그러한 태도나 신념이 얼마나 허약한지를 먼저 인정하고 외부의 설득 시도에 저항하기 위한 적절한 대응체계를 갖춰야 한다는 것이 맥과이어의 주장이다.

역사적 사건을 예로 들어 살펴보자. 한국전쟁 기간 동안 중공군의 포로수용소에 수용된 미군 병사들 중에 상당수가 중공군의 심리적인 세뇌 공작에 넘어가 적군에게 협조하는 행동을 했다. 자신이 신봉하는 핵심 가치관인 자유나 민주주의가 정말로 신봉할 만큼 훌륭한 제도인가를 중공군이 체계적으로 공격하자 그러한 공격을 방어할 준비가 전혀 되어 있지 않았던 대다수의 미군 병사들이 속수무책으로 당할 수밖에 없었다는 것이다.

맥과이어는 자신의 생각을 접종 이론(inoculation theory)으로 체계화시켰다. 어떻게 하면 설득 메시지에 저항하는 사람들을 설득할 수 있는지에 관심을 갖는 기존 이론들과는 달리 접종 이론은 어떻게 하면 의도적으로 설득에 저항하도록 만들어 기존 태도를 유지하게 만들 수 있는지에 관심을 갖는다. 접종 이론을 처음으로 소개한 맥과이어는 생물학적 유추를 사용해 예방 접종과 같은 효과가 커뮤니케이션 영역에서도 동일하게 작용한다고 주장했다. 어린아이들에게 필수적으로 예방 접종을 하는 목적은 나중에 진짜 병원균이 몸에 침투할 때를 대비해 미리 적은 양의 병원균을 주입해 면역력을 기르는 데 있다.

커뮤니케이션 영역에서도 이와 같은 효과를 기대할 수 있다는 것이 맥과이어의 설명이다. 다시 말해 자신이 믿고 있는 사실에 대해 약한 정도의 공격 메시지에 노출된 사람들은 그 메시지에 대항하는 반대 논리를 만들게 되고, 이렇게 생성된 반대 논리가 나중에 본격적인 공격 메시지에 저항해 기존의 태도를 보호한다는 것이다. 이러한 접종 이론의 논리는 '맥 빠지게 만들기' 전략이라는 이름으로 다양한 설득 상황에서 사용되고 있다.

선거철 네거티브 광고가 범람하는 이유

2006년에 치러진 5·31 지방선거는 당시 한나라당의 일방적인 승리로 끝났다. 선거 기간에 접종 이론 차원에서 선거의 결과에 지대한 영향을 미쳤을 것으로 보이는 매우 흥미로운 사건이 일어났다. 선거 캠페인 중 한나라당이 지방선거 공천을 대가로 뇌물을 받은 혐의가 있는 자기 당 현역 국회의원들을 자발적으로 검찰에 고발조치한 것이다. 그 전에도 한나라당은 거물 정치인의 거액 뇌물수수로 인해 '차떼기당'이라는 오명을 뒤집어쓴 바 있어 당 수뇌부는 선거 결과를 크게 우려했다. 당시 열린우리당은 연일 이에 대한 공격의 고삐를 늦추지 않았다. 하지만 막상 뚜껑을 열어보니 선거는 한나라당의 압승으로 끝났다. 내가 『오메가 설득 이론』에서 소개했던 사례를 다시 한 번 살펴보자.

선거 결과를 좌우하는 요소는 매우 복합적이지만 한나라당의 승리 요소를 접종 이론의 관점에서 살펴보자. 한 조사에 의하면 미국에서 선거가 치러질 때 정치 광고의 절반 가까이가 네거티브 전략을 따른다. 네거티브 광고란 상대 후보의 경력, 성격 그리고 정책에 대한 공격 메시지를 포함한 정치 광고를 말한다. 네거티브 광고가 범람하는 이유는 포지티브 광고에 비해 많은 유권자들의 관심을 집중시키고 그 결과 유권자들의 기억에 더 오래 남기 때문이다. 그렇다면 네거티브 광고라는 무기로 자신을 공격할 것이 분명한 상대방에게 정치인들은 어떠한 방어 전략을 사용할 수 있을까?

소속당 국회의원들이 공천 대가로 뇌물을 받았다고 생각한 한나라당 수뇌부는 대응책으로 두 가지 방법을 생각해냈을 것이다. 첫 번째 방법은 열린우리당이나 다른 정당에서 그 사실을 알고 공격해올 때까지 기다렸다가 자기변명을 하는 방법이다. 이보다 적극적인 방법은 미리 그 사실을 유권자들에게 알려 상대방의 공격에도 불구하고 한나라당 지지자들의 이탈을 방지하는 것이다. 두 가지 방법 중 어느 것이 더 효과적일까? 맥과이어에 의해 제기된 접종 이론은 두 번째 방법이 여러모로 더 유용한 선택이라고 말한다.

정치 광고와 관련한 연구 결과는 대체적으로 접종 이론의 예상에서 크게 벗어나지 않는다. 예를 들어 자신이 지지하는 후보자에 대한 약간의 부정적인 정보에 노출된 유권자들은 나중에 그 후보와 관련한 보다 본격적인 공격 메시지에 노출되어도 이미 면역력이 생겼기 때문에 가장 높은 수준의 저항을 했다. 스스로 자기 당의 치부를 검찰에 고발조치한 한나라당의 행동은 지지자들에게 잘못에도 불구하고 한나라당이 그래도 최소한의 윤리의식을 갖고 있는 정당이라고 믿게 만들어 계속 한나라당을 지지하도록 만들었을지도 모른다.

이렇듯 자신의 약점을 미리 자발적으로 노출해 상대방의 예상되는 공격을 사전에 차단하는 방법을 우리는 '맥 빠지게 만들기 전략'이라고 부른다. 얼굴이 못생긴 배우가 있다고 하자. 사람들은 그에게 어떻게 그런 못생긴 얼굴로 배우를 하느냐고 공격하려 한다. 이때 그 배우는 "여러분도 알다시피 제 얼굴은 못생겼습니다"라고 스스로 인정하고 미리 말해버리면 사람들은 그의 외모에 관한 이슈에 흥미를 잃게 된다.

정치 커뮤니케이션 영역에서는 특히 이런 현상이 자주 발생한다. 중요한 선거일을 앞두고는 온갖 깜짝쇼가 등장한다. 상대 후보의 결정적인 약점을 투표일 바로 전에 터뜨려서 그 효과를 극대화하려는 선거 전략이다.

영화 〈터미네이터〉의 주인공 아놀드 슈워제네거가 캘리포니아 주지사에 출마했을 때 투표일을 닷새 앞두고 성희롱 문제가 터졌다. 그의 지지율에 결정적인 타격을 줄 수 있는 '마지막 한 방'이 터진 셈이다. 《LA타임스(LA Times)》는 피해 여성들의 구체적인 증언을 담은 기사를 1면에 실었다. 슈워제네거 선거 캠프에 최대 위기가 닥쳤다. 하지만 슈워제네거 팀은 이러한 깜짝쇼를 사전에 처단하기 위해 맥 빠지기 전략을 미리부터 실천에 옮겼다.

그는 출마하자마자 "상대는 내가 행정 경험이 없고 여자들이나 따라다니는 한심한 놈이라고 공격할 것"이라고 미리 상대방이 공격할 말을 다 해버림으로써 김을 뺐다. 뿐만 아니라 《LA타임스》의 보도 이후 성희롱 해명 기자회견에서도 그는 상대의 공격에 대해 시시콜콜 해명하지 않았다. 슈워제네거는 "아니 땐 굴뚝에 연기 나겠습니까? 죄송합니다. 그러나 저는 이제 새 사람이 됐습니다"라고 말했다. 접종 이론을 현명하게 사용한 슈워제네거는 무난히 주지사에 당선되었다.

접종 이론이 정치 세계에서만 사용되는 것은 아니다. 설득 전문가들은 가장 설득하기 쉬운 사람은 자신이 믿는 바를 한 번도 공격당하지 않은 사람이라고 말한다. 당신이 갖고 있는 신념 중에서 어떤 부분에 접종이 필요한지 곰곰이 생각해보라. 접종은 상대방의 공격으로부터 자신을 보호하는 가장 훌륭한 도구가 될 수 있다. 하지만 예방접종이 오히려 이상반응을 일으킬 수 있듯 커뮤니케이션에서도 접종 효과를 기대하고 전달한 메시지가 오히려 긁어 부스럼을 만들 수 있다는 사실에 주의해야 한다. 접종을 위한 메시지의 강도가 너무 높으면 접종 효과 대신 긁어 부스럼 효과가 발생할 수 있기 때문이다.

수사학적 질문이
뭐예요?

22

"학교에서 어떤 질문을 했니?"

한국 어머니들은 아이들이 학교에서 돌아오면 "선생님 말씀 잘 들었니?"라고 묻지만 유대인의 어머니들은 "학교에서 어떤 질문을 했니?"라고 묻는다. 유대인은 1400만 명으로 전세계 인구의 0.4퍼센트에 불과하지만 노벨상 점유율은 무려 30퍼센트가 넘는다. 유대인들이 세계적으로 뛰어난 학자, 사업가, 예술가들을 많이 배출하게 된 배경에는 유대인 어머니의 질문 교육법이 있다.

영화 〈밀리언 달러 베이비〉를 보면 복싱 매니저인 프랭키가 선수인 매기에게 끊임없이 질문을 던지는 장면이 여러 번 나온다. "상대는 너의 왼쪽을 계속 공격할 것이다. 네가 왼쪽이 약한 걸 알고 있으니까. 그럼 넌 어떻게 할 거니?" "네가 이기려면 어떻게 해야겠니?" 프랭키는 상대방의 경기 스타일을 설명하고는 자신의 의견을 말하지 않고 늘 매기에게 질문을 던지기만 한다. 왜 그럴까?

미국의 저명한 마케팅연구소의 한 연구위원은 수백 개에 이르는 협상 사례들을 분석한 후 능숙한 협상가와 초보 협상가의 차이는 질문하는 능력에서 결정된다고 결론 내렸다. 협상 과정에서 능숙한 협상가는 상대방에게 초보 협상가보다 두 배 이상 많은 질문을 던진다는 것이다. 왜 그럴까? '질문'이라는 언어학적 형태는 생각보다 엄청난 혜택을 제공하기 때문이다.

상대방을 설득하기 위해 우리는 언어라는 도구를 사용한다. 언어는 내용적 측면과 형식적 측면이라는 두 가지 속성을 갖고 있다. 언어의 내용적 측면에 대해서는 메시지 효과의 관점에서 많은 연구가 이뤄져왔다. 예를 들어 우리는 공포 소구와 관련된 수십 년간의 연구에 의해 사람들이 공포 메시지에 어떻게 반응하는지 비교적 많이 알고 있다. 그러나 언어의 형식적 측면에 대한 연구는 아직도 초보 단계에 머물러 있다. 다행히 최근 들어 설득 연구자들은 무엇을 말하느냐(내용)와 함께 어떻게 말하느냐(형식) 하는 문제도 주목하고 있다. 최근의 수사학적 질문에 대한 연구가 그중 하나다.

수사학적 질문이란 자신의 주장을 평서문 대신에 의문문의 형태로 제시하지만 그 질문에 대한 정답이 너무 명백해 수용자의 구체적인 답을 필요로 하지 않는 언어학적 형식을 가리킨다. 음식물 쓰레기를 줄이는 것을 목표로 하는 한 공익광고는 "돈이라면 남기겠습니까?"라는 수사학적인 질문을 던진다. 물론 음식은 남겨도 돈을 남기는 사람은 없을 것이기에 사람들은 공익 광고의 질문에 별도로 답할 필요를 느끼지 않을 것이다.

한 연구에 의하면 수사학적 질문은 생각보다 광고 제작자들이 선호하는 언어학적 기법이다. 미국 인쇄 광고에 대한 분석 결과에 따르면 지난 3년간 전체 광고에서 수사학적 질문 형태가 차지한 비중은 20퍼센트에 이른다. 당시 미국 인쇄 광고 다섯 편 중 한 편이 수사학적 질문의 형태였다는 것이다.

사실 수사학적 질문은 아리스토텔레스 시대까지 거슬러 올라가야 할 만큼 역사가 길다. 아리스토텔레스는 수사학적 질문이 나와 다른 의견에 반박하는 데 매우 유용한 도구임을 알고 있었던 것이다. 실로 놀라운 통찰력이 아닐 수 없다. 현대 사회과학 연구에 의하면 수사학적 질문은 사람들을 설득하기 위한 목적뿐 아니라 사람들의 저항력을 높이는 목적으로도 사용될 수 있다.

수사학적 질문의 형식은 어떤 상황에서 주로 사용해야 할까? 설득 전문가들은 수사학적 질문의 설득 효과는 사람들이 메시지 주제에 별 관심이 없는 상황에서 더욱 크게 나타난다고 말한다. 무관심한 사람들에게 던져진 수사학적 질문은 그들이 반응을 하도록 만든다. 질문의 힘은 자동적인 반응을 만들어내는 데 있다. 마치 전화가 걸려오면 반드시 받아야 하는 것처럼 말이다.

인지반응 이론에 의하면 설득 효과는 사람들로 하여금 설득 메시지에 대해 얼마나 생각하게 만드느냐에 따라 결정된다. 따라서 수사학적 질문이 사람들로 하여금 질문의 내용을 자발적으로 생각하게 만들면 결국 그러한 메시지 처리 과정이 긍정적인 태도 형성으로 연결된다는 것이다. 기존의 설득 연구 결과는 이러한 가설이 타당함을 증명한 바 있다.

수사학적 질문의 유용성은 거기서 그치지 않는다. 수사학적 질문의 두 번째 효과는 저항의 관점에서 찾을 수 있다. 어떤 것에 대한 적극적인 인지적 반응에 의해 형성된 태도는 이를테면 '강한' 태도에 해당된다. 강한 태도란 쉽게 바뀌지 않는, 다시 말해 저항이 심한 태도를 말한다. 따라서 수사학적 질문을 통한 인지적 반응에 의해 형성된 태도는 나중에 그러한 태도를 공격하는 외부의 설득 메시지에 커다란 저항력을 갖게 된다. 이처럼 수사학적 질문은 설득 효과와 저항 효과를 동시에 제공하는 양수겸장의 혜택을 제공하기 때문에 설득 현장에서 보다 적극적으로 구사될 필요가 있다.

예를 들어 내가 다니는 학교 화장실에는 "손을 닦는 데는 한 장으로도 충분합니다"라는 설득 메시지가 휴지 케이스 위에 적혀 있다. 만일 그 카피를 만든 학생이 수사학적 질문의 설득 효과를 알고 있었더라면 평서문 대신에 의문문의 형식으로 "손을 닦는 데는 한 장으로도 충분하지요?"라고 적었을 것이다. 수사학적 질문 형식은 화장실에서 볼일을 보는 학생들을 생각하게 만들었을 것이고, 비록 짧은 시간이라 할지라도 그러한 인지 작용은 학생들로 하여금 한 장의 휴지만 사용하도록 유도했을 것이기 때문이다.

그러나 수사학적 질문을 설득 목적으로 사용하는 작업은 만만치 않다. 언뜻 수사학적 질문 기법을 사용하는 것처럼 보이지만 수사학적 질문의 효과를 기대할 수 없는 광고 사례 역시 다수 찾아볼 수 있다. 신한금융투자 광고에는 "돈은 어디서 배우지?"라고 묻는 내용이 나온다. 그런 다음 "아직은 돈에 서툰 당신. 신한금융투자와 함께 자산관리의 기본기를 탄탄하게 다

수사학적 질문과 일반 질문

지세요"라고 정답을 제시한다. 이 광고에서는 수사학적 질문의 경우와는 달리 질문에 대한 정답이 명백하지 않기 때문에 광고주 스스로 질문에 대한 정답을 제공하고 있다.

수사학적 질문의 효과가 사람들이 설득 주제와 관련해 스스로의 생각에서 비롯되었다는 사실을 기억하면 마케터가 질문에 대한 정답을 제공하는 질문은 수사학적 질문보다 그 효과가 미미할 것임을 알 수 있다.

거절의 언어

23

간단하다. 원치 않는 부름에 응답하지 않는 것.

그것이 행복의 본질이다.

모든 사람에게 답변하지 않는다고 해서

죄책감을 느낄 필요는 없다.

시간을 낭비하기보다는 죄책감을 갖는 게 더 낫다.

그냥 좀 미안해해라.

우리가 끊임없이 뭔가를 거절해야 하는 이유는

그래야만 우리의 삶의 질을 유지할 수 있기 때문이다.

미국의 웹진 《브레인피킹스(Brain Pickings)》의 편집장 마리아 포포바(Maria Popova)의 말이다. 베스트셀러 작가이자 저명한 신경과 전문의인 올리버 색스(Oliver Sacks)도 책상 위에 '노'라고 적은 종이를 항상 붙여놓았다고 한다. 색스는 의사와 작가라는 두 가지 직업에 충실한 삶을 살았으므로 글 쓰는 시간을 빼앗는 모든 제안을 거절해야 한다는 사실을 잊지 않기 위함이었을 것이다. 미국에서 200만 부 이상 팔린 UCLA 심리학자 마누엘 스미스(Manuel Smith)가 쓴 책의 한국어판 제목 역시 『내가 행복해지는 거절의 힘(When I say no)』인 것을 보니 거절과 행복 사이에는 분명 끈끈한 함수관계가 있는 모양이다.

하지만 상대방의 요청을 거절하는 것은 가장 중요하면서도 가장 어려운 작업이다. 누군가의 요청을 거절하는 것은 상대방의 체면유지 동기를 위협하는 일이기 때문이다. 그렇지만 제대로 거절하지 못하면 자신이 원하지 않는 행동을 해야 한다. 이런 딜레마에 빠졌을 때 어떻게 할까?

더랩에이치 김호 대표의 책 『나는 왜 싫다는 말을 못할까』는 사람들이 '노'라고 말하지 못하는 일곱 가지 이유를 제시한다. 그중 하나는 "싫다는 말을 어떻게 해야 할지 모르겠다"이다. 다행히도 언어학자들은 오래전부터 전략적으로 거절하는 언어를 다양하게 연구해왔다. 특히 켄터키대학의 레슬리 비베

(Leslie Beebe)와 그의 동료들은[20] 거절을 위한 언어적 행위를 체계적으로 분류하는 이론적 틀을 마련했다. 하지만 거절이라도 다 같은 거절이 아니다. 상황에 맞는 효과적인 거절 방법을 선택하는 것이 중요하다. 무분별하게 거절하면 상대방에게 상처를 주고, 효과적으로 거절하지 못하면 내가 상처받는다.

비베에 의해 시작되었고 그 후 여러 차례 수정되고 확장된 거절의 언어 유형을 거절의 목표에 따라 분류하면 크게 네 가지로 정리할 수 있다.

확실하게 거절하는 표현

언어학자들에 의하면 거절의 언어는 크게 직접적인 거절과 간접적인 거절로 나누어진다. 간접적인 거절은 훨씬 다양한 세부적 전략을 담고 있지만 직접적인 거절 유형은 비교적 단순하다. 가장 분명하고도 직접적인 방법은 "나는 거절합니다"라고 자신의 의사를 직설적으로 표현하는 것이다. "싫어요" "못해요" "할 수 없을 것 같아요"라고 자신의 반항적인 의도를 분명하게 표출하는 것도 직접적인 거절 유형에 해당된다.

경우에 따라서는 비언어적 폭력이 거절에 동반되기도 한다.

부부싸움을 한 다음 안방 문을 곱게 닫고 나가는 사람은 많지 않을 것이다. 남편이든 아내든 부부 싸움 뒤에는 죄도 없는 문에 분풀이하기 십상이다. 지금까지 살아오면서 한 번이라도 제대로 거절해본 적이 있는가? 만일 그런 경험이 없다면 목청을 높여 한 번 연습해보자.

"싫어요!"
"안 해요!"
"못해요!"

미국의 잡지 《컨슈머리서치저널(Journal of Consumer Research)》에 의하면 기왕 거절할 바에는 확실하게 하는 것이 어중간하게 하는 것보다 효과적이다. "할 수 없어요"보다는 "안 할래요"라고 딱 부러지게 거절하는 것이 더 효과적이라는 것이다. TV 예능 프로그램 〈무한도전〉에서도 혜민 스님이 유재석의 요구에 대해 "안 돼요!"라고 매몰차게 거절하지 않는가? 거절하는 데도 연습이 필요하다. 거울을 보고 매몰차게 말해보자.

"안 돼요!"

한편 위에서 제시한 "안 돼요" 같은 직접적인 표현보다는 강도가 낮지만 간접적인 언어로도 얼마든지 분명한 거절의 의사를 표시할 수 있다. 첫 번째 방법은 요청을 단념하도록 상대를 비난하고 공격하는 것이다. 드라마 〈빛나라 은수〉를 보면 결혼 적령기인 딸에게 남자친구가 있지만 엄마는 마음에 들어 하지 않는다. "좀 급하긴 하지만 좋은 자리야"라며 선을 보라고 권하는 엄마의 말에 은수는 발끈해서 말한다. "다른 사람도 아니고 엄마가, 내 상황 뻔히 알면서 어떻게 이래!" 은수는 엄마의 부탁이 잘못되었음을 분명하게 알려 엄마로 하여금 더 이상의 부탁을 못하게 만든다. 자신에게 부탁하는 사람에게 "어떻게 나한테 그런 부탁을 할 수 있어요?" "당신의 요청은 말도 안 돼요"라고 말하는 것도 이 범주에 포함된다.

두 번째 방법은 자신의 개인적 원칙과 철학을 표현해 상대방의 요구를 거절하는 전략이다. 돈을 빌려달라는 친구에게 "나는 친구와는 절대 돈 거래하지 않아"라는 식으로 자신이 갖고 있는 구체적인 원칙과 철학을 제시해 거절하는 것이다.

세 번째 방법은 제안이나 부탁을 되물어 상대가 스스로 제안을 철회하도록 만드는 전략이다. 다음은 두 친구 사이의 카톡 대화 내용이다. 친구 1은 그저 친구 2의 부탁을 되물었을 뿐인데 친구 2는 스스로 부탁을 철회한다.

친구 1: ○○야! 밥 먹자. 부리또?

친구 2: 응?

밥?

지금?

친구 1: 응! 오키?

친구 2: 부리또?

밥을?

지금?

친구 1: 알았어. 다른 친구 찾아볼게.

관계를 유지하면서 거절하는 표현

●

　확실하게 거절하는 표현은 효과는 높지만 상대방에게 상처를 주기 쉽다. 자신에게 소중한 사람이 부탁하면 거절 이후의 관계를 세심하게 배려할 필요가 있다. 이런 경우 거절하면서도 상대방이 상처받지 않도록 부드러운 언어적 표현을 사용해야 한다. 거절을 진지한 유감의 표시로 시작하는 것도 좋은 방법이다. 일단 "미안하지만……" 혹은 "대단히 죄송하지만……" 같은 표현으로 상대방의 요청을 거절하는 것에 대한 유감을 표시한다. "나도 너를 돕고는 싶은데……" 같은 불가능함을 탄원하는 표현도 적절한 시작 방법이다.

그런 다음 적절한 변명, 이유, 설명이 뒤따라야 한다. "내가 지금 두통이 너무 심해 너를 도와줄 수가 없어"라는 식으로 상대방의 요청을 들어줄 수 없는 합당한 변명, 이유, 설명을 제시해야 한다. 그러나 다음과 같은 상황에서처럼 말도 안 되는 변명은 관계 유지에 도움이 되지 않는다. 유병재(A)가 여선생님(B)에게 데이트 신청을 하자 여선생님은 말도 안 되는 변명을 늘어놓는다.

A: 내일 저녁 아홉 시쯤에는 뭐하세요?

B: 뉴스 봐야 돼요.

A: 그럼 주말에 커피라도 한 잔 같이……

B: 제가 당뇨가 있어서요.

A: 그럼 치맥이라도……

B: 제가 닭 알레르기 때문에

A: 그냥 밥이라도 한 번……

B: 제가 쌀을 안 좋아해서요.

문제해결에 동참하면서 거절하는 표현

상대방이 어떤 요청을 하는 것은 스스로 문제를 해결하지 못하기 때문이다. 초점을 문제에 맞추면 상대방의 문제해결에 동참하면서도 상대방의 요청을 거절하는 방법을 찾을 수 있다. "그건 못하지만 대신에……" 혹은 "내 대신 ○○에게 부탁하시면……"처럼 대안을 제시하거나 다른 사람에게 부탁해보라고 하는 표현들이 이 범주에 속한다. 도널드 트럼프 미국 대통령이 제임스 코미 전 FBI 국장에게 자신에 대한 충성 맹세를 요청하자 코미는 "충성을 맹세할 순 없지만 항상 진실로 대하겠습니다"라고 말했다. 결혼을 하자는 남자의 포로포즈에 "근데 왜 결혼하려고 해? 우리 그동안 행복하고 좋았잖아. 그냥 우리 이렇게 연애만 하자"라고 말하는 여자도 대안 제시를 통해 거절 의사를 표현하는 것이다.

난감한 부탁을 받을 때는 약속을 하며 거절하는 것도 효과적인 선택이 될 수 있다. 드라마 〈쌈, 마이웨이〉에서 주만은 회사에서 대리로 일하고 있다. 같은 회사의 인턴이 주만에게 호감을 갖고 함께 식사를 하자고 청하자 주만은 나중에 모든 인턴들과 함께 식사하자고 대답한다. 미래 승낙에 대한 약속을 해서 완곡하게 청을 거절한 것이다. 밥을 같이 먹자는 인턴의 요구는 들어주되, 둘이 아닌 인턴 모두와 함께라는 대안을 제시하고 상대방이 민망하지 않도록 현명하게 거절한 것이다. "다음에는 네 말대로 할게" 혹은 "약속할게, 다음에는 꼭 들어줄게" 하는 식으로 미래에는 상대방의 요청을 반드시 수용하겠다고 약속하는 표현들이 이 범주에 속한다.

회피를 통해 모호하게 거절하는 표현

●

상대방의 요청에 분명하게 대응하지 않는 회피 전략에는 다양한 내용들이 담겨 있다. 비언어적으로는 침묵, 망설임, 요청에 답하지 않고 현장을 떠나는 등의 행동이 가능하며 언어적으로는 갑자기 주제를 바꾸거나, 유머를 사용하거나, "내가 나중에 생각해볼게" 하는 식의 의사결정 연기 등이 해당된다. 요즘 한국 젊은이들은 감탄사를 회피 언어로 적극적으로 사용하고 있는 듯하다.

A: 고객님, 새로 나온 화장품이 있는데……

B: 아~

A: 이 제품이 피부개선부터……

B: 아~, 네~

A: 미백효과까지 보장되는데……

B: 아~, 네~ 감사합니다.

한편 퉁명스럽게 "알았어"라고 대답해 일단 상대방의 요청을 수용하기는 하지만 실제로는 자신이 별로 요청을 따르고 싶지 않음을 비언어적으로 전달하거나 상대방의 요청에 대한 답을 "일단 알겠어" 등의 애매모호한 표현으로 제시해 요청의 실행을 어렵게 만드는 수동적 수용 전략도 회피 전략의 일종으로 볼 수 있다.

일상생활에서 거절 전략은 어떤 모습으로 사용될까? 중국의 왕승리(Wang Sheng-Li)의 연구가 이에 대한 답을 제공한다. 왕승리는 중국 드라마에서 찾은 거절 에피소드 3970개를 비베의 틀을 이용해 분석했다. 그 결과 사람들은 직접적인 거절보다는 간접적인 거절 전략을 더 선호한다는 사실이 드러났다. 간접적으로 우회해 거절하는 전략의 사용 빈도는 전체의 67퍼센트로 직접적으로 거절하는 전략 사용 빈도 33퍼센트의 두 배에 해당되었다. 아무래도 직접적으로 상대방의 요청을 거절하는 것은 체면유지 관점에서 서로에게 부담스러운 선택일 것이다.

간접적인 거절 전략 중 가장 빈번하게 사용되는 방법은 상대방의 요청을 단념시키는 것이었다. 전체 거절 에피소드 중 31퍼센트가 이에 해당되었다. 이 수치는 간접적인 거절 전략 전체의 절반에 해당된다. 두 번째로 선호한 간접적인 거절 전략은 변명, 이유 제시, 설명 전략이다. 전체의 17퍼센트에 해당하는 사례에서 이 전략이 사용되었다. 회피 전략도 10퍼센트가 사용되었다. 이 세 가지 전략의 사용 빈도를 모두 합하면 전체 거절 에피소드의 58퍼센트에 해당된다. 간접적 거절 전략이 전체 거절 에피소드의 67퍼센트에 해당됨을 기억하면 이들 세 가지 전략이 간접적으로 거절을 표시하는 가장 일반적인 선택이라고 할 수 있다.

그렇다면 한국의 경우는 어떨까? 한국인들은 어떤 상황에서 어떤 거절의 언어를 사용할까? 오메가라는 프리즘을 가지고 주위를 살펴보자. 알파의 프리즘으로는 발견하지 못한 엄청난 정보를 얻게 될 것이다. 특히 상대방이 외부의 설득 시도에 쉽게 동의하지 않을 것이라고 예상되는 힘든 상황에서는 저항에 초점을 맞춘 오메가 설득의 언어가 이미 다양하게 사용되고 있음을 알 수 있을 것이다.

거절의 심리학

세상의 모든 것은 짝이 있다. 종교적인 관점에서 보면 천사가 있으면 악마가 있고, 천당이 있으면 지옥이 있다. 철학적으로 말하면 현상이 있으면 본질이 있고, 이성이 있으면 감성이 있다. 문학 작품에도 갑돌이가 있으면 갑순이가 있고, 로미오가 있으면 줄리엣이 있다. 설득 역시 짝이 있다. 설득 전문가들은 그 짝을 알파와 오메가라고 부른다. 알파와 오메가가 태초부터 짝으로 함께 존재했다는 사실을 우리는 성경을 통해 알 수 있다.

역사상 최초의 설득 기록이라는 성경의 일화도 따지고 보면 오메가 설득 전략의 한 예라 할 수 있다. 성경 창세기에 의하

면 뱀은 이브를 유혹해 선악과를 따먹으라고 유혹한다. 이브
는 하느님이 이 과일을 먹으면 죽으리라고 말씀하셨다면서 저
항한다. 그러자 뱀은 이브에게 "너는 죽지 않을 거야"라고 말
한다. 뱀이 이브를 설득하기 위해 우선적으로 사용한 것이 설
득의 힘을 높이는 알파 전략이 아니었음에 주목할 필요가 있
다. 뱀은 이브에게 과일을 먹으면 눈이 밝아져 선악을 구별할
수 있을 것이고 온갖 좋은 일들이 벌어질 것이라고 말하지 않
는다. 대신에 뱀은 가장 먼저 이브의 저항의 핵심을 공격한다.
이브가 두려워하는 것은 과일을 먹으면 하느님 말씀대로 죽을
지도 모른다는 점이다. 이 두려움에 기초한 저항을 뱀은 직접
적으로 공격한다. "아니, 괜찮아, 너는 죽지 않을 거야."

저항의 핵심을 공격당한 이브는 선악과에 대해 새로운 관점
을 갖게 된다. 선악과가 먹음직스럽고 탐스러울 뿐더러 사람
을 영리하게 만들어줄 것이라는 식으로 생각이 바뀐 이브는
결국 선악과를 먹고 아담에게도 건네준다.

그런데 에덴동산 사건 이후 오메가는 그 모습을 감추고 말
았다. 오메가가 알파에 앞서 하느님의 말씀을 거역하는 도구
로 사용된 원죄 때문인지도 모르겠다. 오랫동안 헤어져 있었
던 설득의 짝은 최근에야 다시 만나게 되었다. 이산가족 상봉
처럼 감동적인 순간이다. 설득 현상을 연구하는 심리학자들과

커뮤니케이션 연구자들의 노력 덕분이다.

21세기에 들어 뇌과학자들은 오메가 살리기 운동에 적극적으로 동참하고 있다. 이들은 우리의 뇌가 알파와 오메가에 대한 정보에 차별적으로 반응하는 별도의 신경구조 체계를 갖고 있다고 주장한다. 뿐만 아니라 감정적으로도 우리는 알파와 오메가에 확연히 다르게 반응한다. 원하는 결과를 얻는 데 실패하면(알파 차원) 낙담하거나 슬퍼하는 데 반해 원치 않는 결과를 막지 못하면(오메가 차원) 불안해하거나 화를 낸다는 것이다. 이 세상에서 알파와 오메가가 짝으로 함께 존재한다는 분명한 증거가 아닐 수 없다.

내가 어렸을 때는 아이들이 참외 서리를 하면서 더운 여름날을 보내기도 했다. 어느 날 두 친구가 참외 서리에 나섰다. 과수원 앞 언덕에 숨어 밤이 깊어지기를 기다리면서 이들은 서로 오순도순 대화를 나눈다. "정말 신난다. 참외 맛은 얼마나 좋을까?" 알파가 참외 서리의 매력을 높이기 위해 한 말이다. "그렇지? 우리는 절대 붙잡히지 않을 거야! 걱정할 것 없어!" 오메가가 참외 서리를 망설이는 저항을 낮추기 위해 화답한다. 알파와 오메가는 이처럼 함께 북 치고 장구 치면서 아이들의 참외 서리를 부추긴다.

알파와 오메가는 항상 우리 주위에 있었지만 우리는 그동안 알파의 빛에 눌려 오메가를 제대로 보지 못했다. 공부 잘하는 형을 둔 동생은 집안에서 존재 가치를 인정받지 못하는 법이다. 바야흐로 그동안 차별대우를 받아왔던 동생의 시대가 시작되고 있다.

바보야, 문제는 경제야!

Stupid, It's economy!

빌 클린턴 대통령이 아칸소 주지사를 하다 대통령에 출마했을 때 한 유명한 말이다. 당시 현직 대통령 부시가 재선에 도전하며 이라크 전쟁 등의 업적을 자랑하는 동안 시골 출신인 클린턴은 미국 경제 황폐화의 책임을 이 말 한마디로 부시에게 떠안겼다. 클린턴은 이 유명한 말 한마디 덕분에 대통령에 당선되어 8년간 미국 경제 호황기를 이끌었다. 당시 미국인들에게 가장 중요한 문제는 경제라는 사실을 그는 너무도 잘 알았던 것이다.

설득에 대해서도 우리는 똑같이 말할 수 있다. 우리에게 익숙한 설득의 심리학시대는 이제 저물어가고 있다. 4차 산업혁명의 시대는 거절의 심리학에 대한 이해를 요구하고 있다. 거절당하지 않는 사람은 상대방이 가까이 오기를 기다리지 않고 먼저 다가가는 사람이다. 상대방의 거절과 저항을 당연하게 여기면서 그들의 관점에서 문제를 해결하기 위해 노력하는 사람이다. 만일 클린턴이 설득 전문가였다면 그는 분명 사람들에게 다음과 같이 말했을 것이다.

바보야, 문제는 저항이야!
Stupid. It's resistance!

주

1   Petty, R.E., Wells, G.L., Heesacker, M., Brock, T. and Cacciopo, J., "The effects of recipient posture on persuasion: A cognitive response analysis," *Personality and Social Psychology Bulletin*, 9(2), 1983: 209-222.

2   Linn, J.A. and Knowles, E.S., "Acknowledging target resistance in persuasive messages," Paper presented at the Midwestern Psychological Association Convention, 2002.

3   Wegner, D.M., *White bears and other unwanted thoughts: Suppression, obsession, and the psychology of mental control* (New York: The Guilford Press, 1994).

4   이현우, 『한국인에게 가장 잘 통하는 설득전략 24』, 더난출판, 2006.

5   Muraven, M.R. and Baumeister, R.F., "Self-regulation and depletion of limited resource: Does self-control resemble a muscle?," *Psychological Bulletin*, 126, 2000: 247-259.

6   Green, M. C. and Brock, T. C., "The role of transportation in the persuasiveness of public narratives," *Journal of Personality and Social Psychology*, 79, 2000: 701-721.

7   Slater, M. D. and Rouner, D., "Entertainment-education and elaboration likelihood: Understanding the processing of narrative persuasion," *Communication Theory*, 12, 2002: 173-191.

8   O'Keefe, D.J., "How to handle opposing arguments in persuasive messages: A meta-analytic review of the effects of one-sided and two-sided messages," *Annals of the International Communication Association* (Communication Yearbook 22, 1999): 209-249.

9   Sherman, S.J., "On the self-erasing nature of errors of prediction," *Journal of Personality and Social Psychology*, 39, 1980: 211-221.

10 Santos, M.D., Leve, C. and Pratkanis, A.R., "Hey buddy, Can you spare seventeen cents? Mindful persuasion and the pique technique," *Journal of Applied Social Psychology*, 24, 1994: 755-764.

11 Davis, B.P. and Knowles, E.S., "A disrupt-then-reframe technique of social influence," *Journal of Personality and Social Psychology*, 78, 1999: 192-199.

12 Carpenter, C.J. and Boster, F.J., "A meta-analysis of the effectiveness of the disrupt-then-reframe compliance gaining technique," *Communication Reports*, 22, 2009: 55-62.

13 Carpenter, C.J., "A meta-analysis of the effectiveness of the 'But You Are Free' compliance-gaining technique," *Communication Studies*, 64, 2013: 6-17.

14 Erikson, M.H. and Rossi, E.L., "Varieties of double bind," *American Journal of Clinical Hypnosis*, 17, 1975: 143-157.

15 Laird, J.D., "Self-attribution of emotion: The effects of expressive behavior on the quality of emotional experience," *Journal of Personality And Social Psychology*, 29(4), 1974: 475-486.

16 Watzlawick, P., Weakland, J.H. and Fisch, R., *Change: Principles of problem formation and problem resolution* (New York: Norton, 1988).

17 Brinol, P., Rucker, D.D., Tormala, Z.L. and Petty, R.E., "Individual differences in resistance to persuasion: The role of beliefs and meta-beliefs, " In E.S., Knowles and J.A., Linn (Eds.), *Resistance and Persuasion* (NJ: Lawrence Erlbaum Associates, Inc., Publishers, Mahwah, 2002): 83-104.

18 Laran, J., Dalton, A.M. and Andrade, E.B., "The curious case of behavioral backlash: Why brands produce priming effects and slogans produce reverse priming effects," *Journal of Consumer Research*, 37, 2010: 999-1014.

19 Jacks, J.Z. and Cameron, K.A., "Strategies for resisting persuasion," *Basic and Applied Social Psychology*, 25, 2003: 145-161.

20 Beebe, L., Takahashi, M T. and Uliss-Weltz, R., "Pragmatic transfer in ESL refusals," In R. Scarcella, E. Andersen and S, Krashen (Eds.), *Developing communicative competence in a second language* (Cambridge, MA: Newbury House, 1990): 55-63.

거절당하지 않는 힘

어떻게 의심, 반발, 무관심을 극복하는가

초판 1쇄 발행 2018년 1월 19일
초판 6쇄 발행 2023년 1월 2일

지은이 이현우
펴낸이 신경렬

상무 강용구
기획편집부 최장욱
마케팅 신동우
디자인 박현경
경영기획 김정숙 김태희
제작 유수경

펴낸곳 (주)더난콘텐츠그룹
출판등록 2011년 6월 2일 제2011-000158호
주소 04043 서울시 마포구 양화로12길 16, 7층(서교동, 더난빌딩)
전화 (02)325-2525 **｜ 팩스** (02)325-9007
이메일 book@thenanbiz.com **｜ 홈페이지** www.thenanbiz.com

ⓒ 이현우, 2018
ISBN 978-89-8405-924-5 03320